イクバルと仲間たち

児童労働にたちむかった人々

スーザン・クークリン 著
長野 徹・赤塚きょう子 訳

小峰書店

自由になることを待っている
子どもたちと、
わたしの両親へ

目次

✳本書を読んでいただく前に

本書を読むうえで知っておいてほしい基本的《きほんてき》な情報《じょうほう》を集めました。

8ページの地図は、本文に地名が出てきたときに場所を確認《かくにん》するなどして、活用してください。

●知っておいてほしい用語

◇南アジア…　アジア大陸南部、インド半島を中心とする地域《ちいき》。インド・パキスタン・バングラデシュ・スリランカ・モルジブ・ネパール・ブータンをまとめて指す言葉。
（本書では主にパキスタン・インド・ネパールが取りあげられている。）

◇児童労働…　子ども*が、大人のように働く労働。子どもの健全な成長を妨《さまた》げる労働を指す（家や田畑での手伝い、小遣《こづか》い稼《かせ》ぎのアルバイトなどは含《ふく》まれない）。

◇債務《さいむ》労働…　両親や祖父母《そふぼ》の借金のかたに、半永久的《はんえいきゅうてき》な労働をしいられること。

◇奴隷《どれい》労働…　ひどい労働環境《かんきょう》のなか、ときには虐待《ぎゃくたい》を行うような、労働者の人権《じんけん》そのものを無視《むし》した働かせ方のこと。「隷属的《れいぞくてき》な労働」などという場合もある。

●外国通貨の円への換算《かんさん》方法

本書の原書の発行年（一九九八年）における為替《かわせ》レートで換算《かんさん》。
（ただし本文中の円換算《かんさん》は、四捨五入《ししゃごにゅう》のため数値《すうち》が多少一致《いっち》しないこともある。）

（＊子どもの権利《けんり》条約《じょうやく》に従《したが》い、18歳《さい》未満を「子ども」とする。）

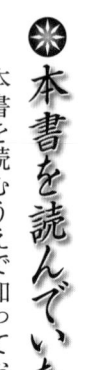

●通貨の価値《かち》基準《きじゅん》について

通貨の価値《かち》については、単純《たんじゅん》に日本円に換算《かんさん》して考えるのではなく、現地《げんち》の人がそのお金をいくらくらいに感じるかといった感覚を知っていると、より理解《りかい》が深まります。

❶現地《げんち》通貨の円換算《かんさん》
❷現地《げんち》の人の物価《ぶっか》感覚
❸庶民《しょみん》の平均的《へいきんてき》な食事の内容《ないよう》
❹❸の食事一食分のおよその値段《ねだん》

※一九九八年のレートで換算《かんさん》。❹は一九九八年ごろの値段《ねだん》。

▽パキスタン

❶一パキスタン・ルピー＝約二・六円。
❷一パキスタン・ルピーは二〇円前後。
❸カレーにチャパティーかナーン（小麦粉で作ったパンのような食べ物）、プラーオ（いためたご飯）など。
❹二〇パキスタン・ルピー

▽インド

❶一ルピー＝約三・七円。
❷一ルピーは五〇〜一〇〇円前後。
❸ターリー（ライスかチャパティーに、カレーやダール（スープ））
❹五〜一〇ルピー

▽ネパール

❶一ネパール・ルピー＝約二円。
❷一ネパール・ルピーは五〇円前後。
❸ダルバート（ダル（豆のスープ）、バート（たいた米）、タルカリ（野菜のおかず））
❹一五ネパール・ルピー

本書のおもな舞台《ぶたい》

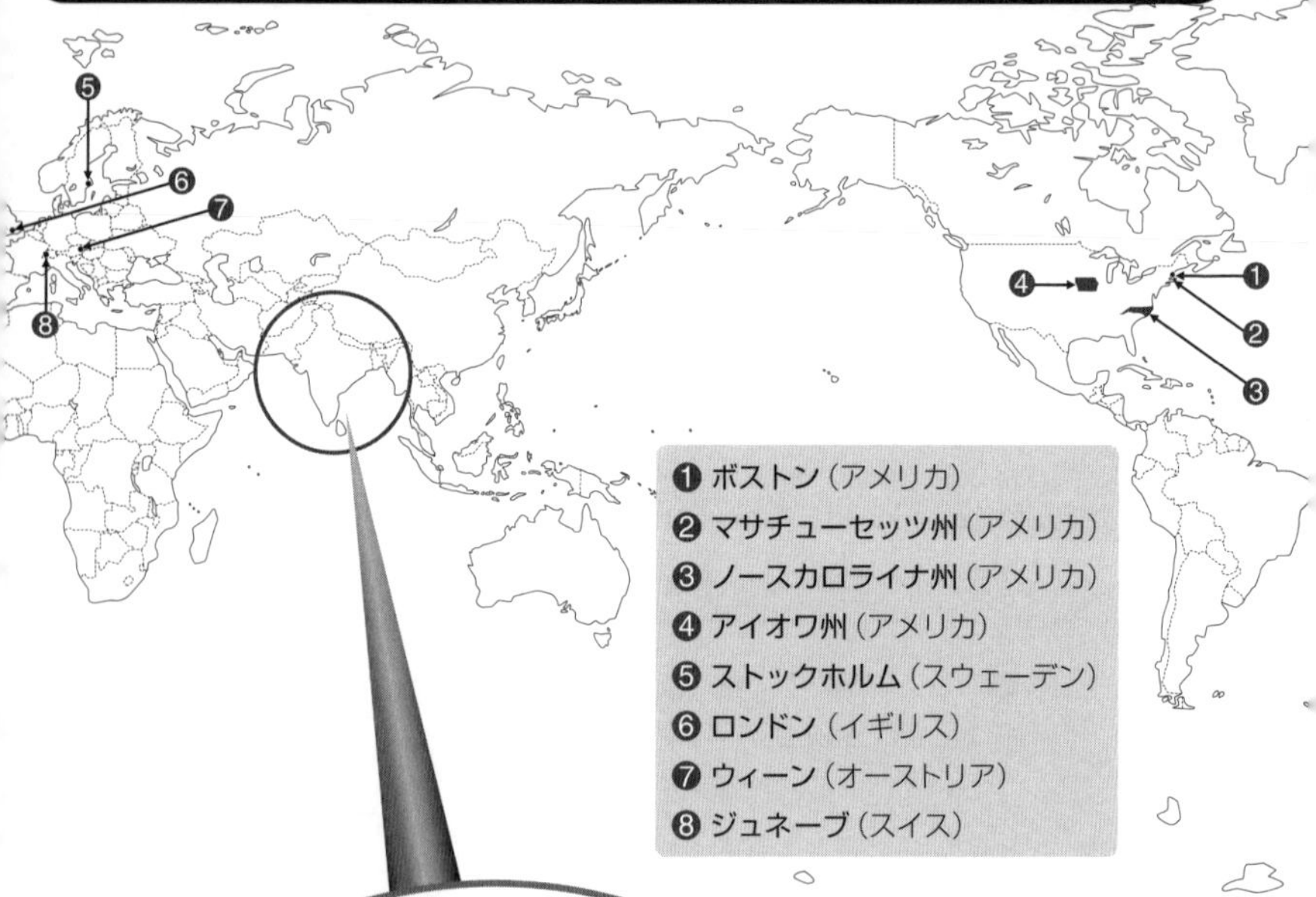

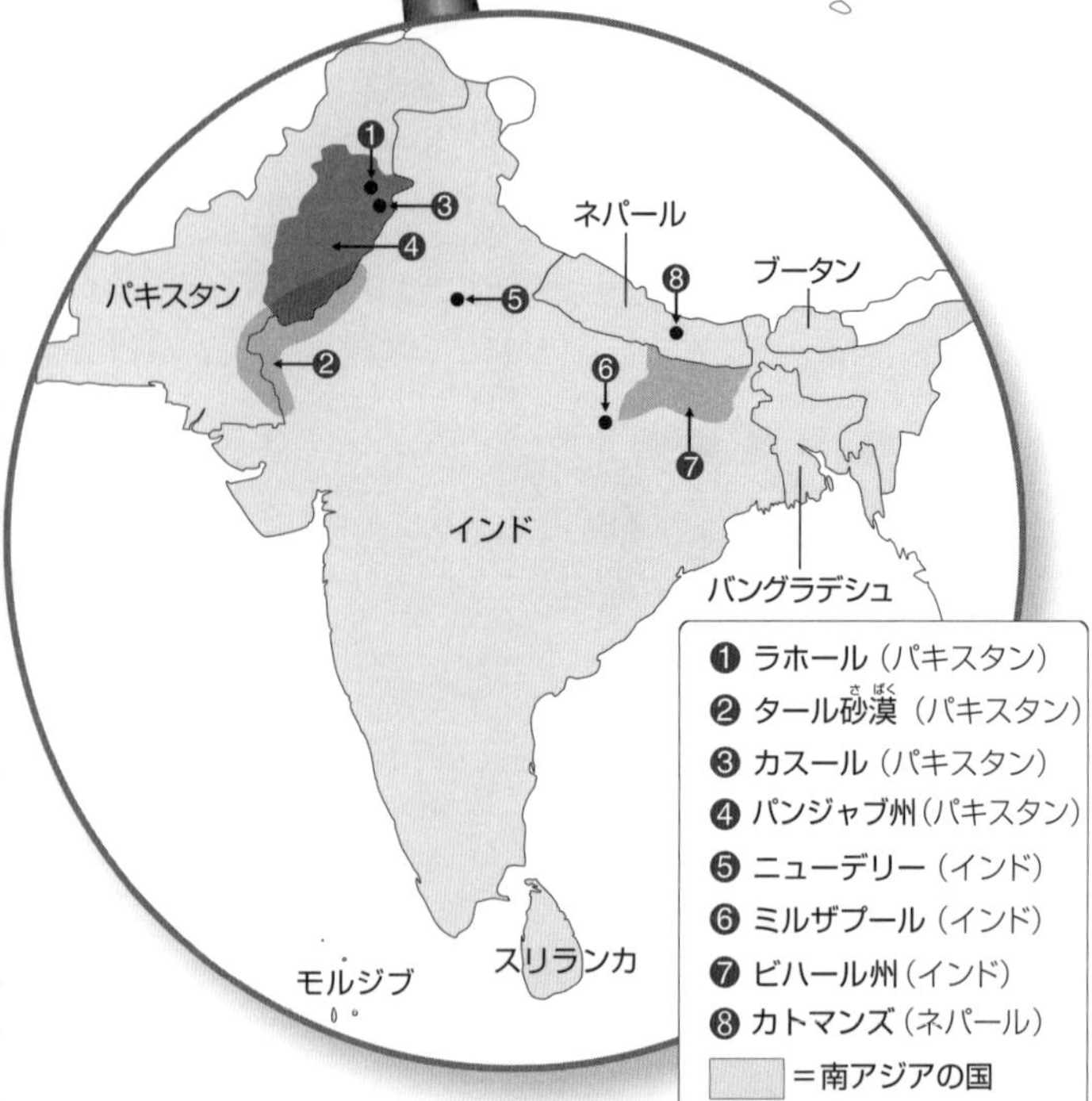

プロローグ

ぼくは、パキスタンで債務《さいむ》*1労働や児童*2労働のために苦しんでいる何百万人もの子どものひとりでした。でも、ぼくはラッキーです。BLLF*3（債務《さいむ》労働《ろうどう》解放《かいほう》戦《せん》線《せん》）の努力のおかげで自由になり、今日こうして、みなさんの前に立っているのですから。自由の身になったあと、ぼくはBLLFの学校に入って、今もその学校で勉強しています。*4エイブラハム・リンカーンがアメリカの奴隷《どれい》を自由にしたように、（BLLFのリーダーの）イーシャーン・ウラー・カーンさんとBLLFは、奴隷《どれい》のような生活をしていたぼくたち子どもを自由にしてくれました。今日、みなさんが自由であるように、ぼくも自由です。

でも、アメリカ人であるみなさんを前にして、こんなことを話さなければならないのは残念なことですが、ぼくを働かせていた工場の持ち主は、ぼくたち子どもに奴隷《どれい》のような生活をしいている張本人《ちょうほんにん》はアメリカ人だと言っていました。アメリカの人たちが、ぼくたちの作る安いじゅうたんや敷物《しきもの》やタオルをほしがって、

---

*1・2　6ページを見よう。

*3　債務《さいむ》労働者を救うために作られたパキスタンの民間組織《そしき》。くわしくは第一部第五章を見よう。

*4　第十六代アメリカ合衆国大統《がっしゅうこくだいとう》領《りょう》。南北戦争中の一八六三年に奴《ど》隷《れい》解放宣言《かいほうせんげん》を発し、奴隷解放《どれいかいほう》の父と呼《よ》ばれた。

債務《さいむ》労働が続くことを望んでいるからだと。だから、ぼくはみなさんに訴《うった》えます。子どもたちに債務《さいむ》労働をさせるのをやめさせてください。子どもが使うべきものはペンで、仕事の道具ではありません。

じゅうたん工場で働く子どもたちは、この道具を使って働いています［イクバルはじゅうたん作りの道具を持ち上げる］。もしも、なにかへまをすると、子どもたちはこの道具で殴《なぐ》られます。怪我《けが》をしてもお医者さんにかかることはできません。子どもにはこんな道具は必要ありません。子どもに必要な道具は、アメリカの子どもたちが持っているような、このペンです［イクバルはペンを持ち上げる］。悲しいことに、たくさんの子どもたちが今もなお、ペンを持つことができません。どうか、みなさん、ＢＬＬＦを助けてください。ＢＬＬＦがぼくたちを助けてくれたように。みなさんの協力があれば、ＢＬＬＦはたくさんの子どもを助けて、子どもたちにこの道具、ペンを持たせることができるのです。

ぼくが、あそこでどれほどひどい虐待《ぎゃくたい》を受けていたか、そして今も、ののしられたり、逆《さか》さづりにされたり、ひどい扱《あつか》いをされたりしている子どもたちがどれ

＊1　このスピーチ当時のアメリカ合衆国大統領《がっしゅうこくだいとうりょう》（第四十二代・就任《しゅうにん》期間一九九三〜二〇〇一年）。

だけたくさんいるか、みなさんに知ってほしいと思います。ぼくは、今でもあのころのことが忘《わす》れられません。

ぼくは、アメリカのお店でパキスタン製《せい》の敷物《しきもの》を見て、それが子どもたちの債《さい》務《む》労働で作られたものだと知って、とても悲しくなりました。残念でなりませんでした。ぼくはクリントン*1大統領《だいとうりょう》に、子どもを働かせている国々に制裁《せいさい》*2を科してくれるようお願いするつもりです。子どもを奴隷《どれい》のように使うのをやめるまで、そうした国々を援助《えんじょ》しないでください、子どもたちにペンを持たせてくださいと。

それから、ぼくたちの活動を支援《しえん》してくれて、ぼくをこの授賞式《じゅしょうしき》に呼《よ》んでくださったリーボック*3人権財団《じんけんざいだん》に、この場を借りて心から感謝《かんしゃ》します。ほんとうに、ありがとう。

ぼくたちの学校には、子どもたちが解放《かいほう》されたときに使う合言葉がありまず。「ぼくたちは自由だ!」という合言葉です。ぼくたちは声を合わせて、この言葉を叫《さけ》ぶのです。今日は、みなさんもいっしょにこの合言葉を叫《さけ》んでください。「ぼくたちは」とぼくがいったら、みなさんは「自由だ」と続けてください。

---

*2　こらしめるために罰《ばっ》すること。ここでは特に、相手国からの商品の輸入《ゆにゅう》や、相手国への商品の輸出《ゆしゅつ》を禁《きん》じる国家間の経済《けいざい》制裁《せいさい》を指す。

*3　「リーボック」は世界的に有名なスポーツ用品のブランド。財団《ざいだん》を設《もう》けて、人権保《じんけんほ》護《ご》活動の分野で活《かつ》躍《やく》した人々に賞を与《あた》えている。

——イクバル・マシー、一九九四年

地球の反対側からやってきた、きゃしゃで小柄《こがら》な少年は、勝ち誇《ほこ》ったように両手を上げました。そして、大きくはないものの力強い声で、「ぼくたちは」と叫《さけ》ぶと、二千人もの声がそれに力強く応《こた》えました。「自由だ！　自由だ！　自由だ！」

会場に集まった人々の大合唱をうけて、演壇《えんだん》の上の少年は、にこっといたずらっ子のような笑《え》みをうかべました。

パキスタン生まれの少年イクバ

◀「リーボック行動する若者賞《ユース・イン・アクション》」を受賞するイクバル。
（写真提供：リチャード・ソウブル／リーボック人権財団）

ル・マシーは、アメリカ・ボストンのノースイースタン大学[*1]で演説《えんぜつ》をしていました。イクバルは「リーボック行動する若者賞《ユース・イン・アクション》」の授賞式《じゅしょうしき》のためにアメリカに来ていたのです。彼《かれ》がそこにいて、授賞式《じゅしょうしき》につめかけた多くの人々の前に立っているというのは、まさにおどろくべきことでした。

かつてイクバルは、狭苦《せまくる》しい小屋の中に押《お》し込《こ》められて、一生、じゅうたんを織《お》り続ける運命にありました。ところが彼《かれ》は、その運命からぬけ出したばかりか、世界の人々にむかって語りかける存在《そんざい》になり、賞まで受けたのです。

イクバルは、貧《まず》しい家庭が借金を返すために、あるいは、一家がどうにか暮《く》らしていけるだけのお金をかせぐために、家族を助けて毎日働いている世界じゅうの何百万人という子どもたちのうちの一人でした。雇《やと》われて労働にたずさわる多くの子どもたちは、家や農場で働いたり、路上の物売りやレンガ砕《くだ》き、くず拾いといった危険《きけん》な仕事をしたりしています。じゅうたんを織《お》っている子どももいれば、服を縫《ぬ》ったり、アクセサリーの加工をしたりしている子どももいます。おもちゃやスポーツ用具を作っている子どももいれば、注射器《ちゅうしゃき》などの金属製《きんぞくせい》の医療器《いりょうき》

---

*1 アメリカ北東部、マサチューセッツ州の州都。市内や周辺に有名な大学が多い。8ページの地図を見よう。

具を磨《みが》いている子どももいます。子どもたちが作るそうした製品《せいひん》は、海外、とくにヨーロッパやアメリカに輸出《ゆしゅつ》されています。もちろん、輸出《ゆしゅつ》される品物のすべてが子どもたちを働かせて作られたもの、というわけではありません。ユニセフ＊1（国際《こくさい》連合児童基金《ききん》）の報告《ほうこく》によると、輸出製品《ゆしゅつせいひん》のうち、子どもたちの手で作られているのはごくわずか（約五パーセント）とされています。

この本の中で描《えが》かれている多くの子どもの労働者たちは、債務《さいむ》労働者と呼《よ》ばれています。債務《さいむ》とは借金のことです。彼《かれ》らは、わずかな借金のかたに、工場などの経営者《けいえいしゃ》やその仲介人《ちゅうかいにん》＊2に売られてゆくのです。学校に通うこともなければ、友だちと遊ぶ時間もほとんどありません。家族のそばで暮《く》らせない子も多いのです。国際法《こくさいほう》は、このような契約《けいやく》を「現代《げんだい》における奴隷《どれい》労働」と呼《よ》んでいます。

これは、奴隷《どれい》の身から自由を勝ち取った一人の少年と、今なお奴隷《どれい》の立場にある多くの子どもたちについて書かれた、ほんとうのお話です。そして、子どもの債務《さいむ》労働をなくすために、大人と子どもに何ができるか、ということについて書かれた本です。変化を起こすためには、この問題の根っこを理解《りかい》する必要があり

＊1　貧《まず》しい国や、戦争・内戦で危害《きがい》を受けた国の児童やその母親の自立を支援《しえん》することを目的としている。国連機関の一つ。

＊2　人と人の間を取り持つ人。ここでは、企業《きぎょう》の経《けい》営者《えいしゃ》に働き手を世話する業者のこと。

ます。それは、今日《こんにち》の発展途上国《はってんとじょうこく》だけに見られる問題ではありません。児童労働は、アメリカやヨーロッパにおいても長い歴史があるのです。

◆どうして自分の子どもを売るのか?

きわめて貧《まず》しい家庭は、しばしば非常《ひじょう》に厳《きび》しい選択《せんたく》を迫《せま》られます。子どもを奴《ど》隷《れい》労働者として差し出し、かわりにもらうお金で食べていくか、家族全員が飢《う》え死《じ》にするかという選択《せんたく》です。ある農家の母親は、取材に応《こた》えて、自分の子どもを売ったわけをこう話しています。

「畑から十分な収穫《しゅうかく》があって、水や食糧《しょくりょう》に困《こま》ることなどなければ、どうして子どもたちを手放したりするでしょうか? どうして売ったりするでしょうか? これもみんな、貧《まず》しさのせいなんです。ほかにどうしようもないんです」

親たちのなかには、自分の子どもがひどい状態《じょうたい》で働かされているのを知らない者もいます。一方で、子どもがどんな目にあうことになるか十分わかっている親たちもいます。でも、彼《かれ》らは、「しかたがない」とあきらめているのです。

子どもを働かせている家庭は、食べものも多く手に入れられて、もっとよい家に住むことができるかもしれません。しかし実際《じっさい》には、大部分の家庭は、土地もなく、貧《まず》しさからぬけ出せません。希望を抱《いだ》き、明るい将来《しょうらい》を思《おも》い描《えが》くことなどできません。生活は厳《きび》しく、子どもたちにきちんとした教育を受けさせる機会もほとんどないのです。

◆世界規模《きぼ》の市場

インド、パキスタン、ネパール、バングラデシュ、スリランカなどの南アジア*1に暮《く》らす多くの貧《まず》しい家の子どもたちは、家族とともに働き、畑仕事を手伝ったり、家事をしたりしています。そうした家庭では、家の手伝いをさせるだけではなく、お金が必要になれば、子どもを外で働かせようとします。子どもを労働者として差し出せば、元手がかからずにお金が手に入るからです。本当に貧《まず》しい家庭は、子どもたちを売って働かせるほかないのです。そうした子どもたちには、力もなければ味方もいません。地方の人権保護団体《じんけんほごだんたい》が、子どもたちを長時間労働

---

*1　6ページと、8ページの地図を見よう。

や体罰《たいばつ》、雇《やと》い主《ぬし》による性的虐待《せいてきぎゃくたい》などから守ろうと努力しても、力のある人々が関心を持つことはあまりありません。というのは、この問題は、発展途上国《はってんとじょうこく》の、弱い、あるいは冷淡《れいたん》な政府《せいふ》のせいであると同時に、豊《ゆた》かな国々の欲深《よくぶか》い企業《きぎょう》のせいでもあるからです。

近年、世界を舞台《ぶたい》にビジネスを行う多くの企業《きぎょう》、たとえば衣類やスポーツ用品、じゅうたんといった商品を輸出《ゆしゅつ》する大企業《だいきぎょう》は、貧《まず》しい国々に工場を移転《いてん》させ、地元の労働者を雇《やと》って商品を作るようになっています。そうした企業《きぎょう》のほとんどは、厳《きび》しい労働法がないか、そういう法律《ほうりつ》が適用《てきよう》されない国々を選びます。そして、大人がするような仕事のために雇《やと》った労働者の中に子どもが交ざっていても、見て見ぬふりをするのです。

経営者《けいえいしゃ》からすれば、子どもを雇《やと》うことは経済的《けいざいてき》にメリットがあることなのです。子どもは大人よりも安い賃金《ちんぎん》で働くし、おとなしく言うことに従《したが》い、団結《だんけつ》したり反抗《はんこう》したりすることがないからです。また、賃金《ちんぎん》が浮《う》いたぶん商品の値段《ねだん》を安くできるし、そうすれば、消費者に安く売ることができます。そして、どの国の消費者も安い商品をほしがります。イクバルのような子どもたちの手によって作られるじゅうたんなどは、そのよい例です。

　イクバルがじゅうたんを織《お》っていたころ、アメリカやヨーロッパの国々では、不買運動のために、イラン製《せい》のじゅうたんを買うことはできませんでした。また、手製《てせい》のじゅうたんで有名なもう一つの国、アフガニスタンは＊1ソビエト連邦《れんぽう》との戦争のさなかでした。そこで、パキスタンなどの南アジアの商人や輸出《ゆしゅつ》業者たちはこのビジネスチャンスに飛びついたのです。彼《かれ》らは、じゅうたんや宝飾品《ほうしょくひん》、スポーツ用品、衣類を安い値段《ねだん》で消費者に提供《ていきょう》することができました。なぜなら、原料や労働力をうんと安く手に入れることもできれば、現地《げんち》の役人に握《にぎ》らせる賄《わい》＊2賂《ろ》さえも交渉《こうしょう》しだいで安くなるのですから。

　国際貿易《こくさいぼうえき》の発展《はってん》と市場の＊3グローバル化が、子どもたちをいまだかつてない危険《きけん》にさらす結果になったのです。しかし、海を越《こ》えた人々の新しいつながりは、一方で、子どもたちが置かれているひどい状況《じょうきょう》を世界じゅうに知らせることにもなりました。わたしたちがグローバルな市場から利益《りえき》を得ようと思うなら、同時に、

＊1　現在《げんざい》のロシア。

＊2　「賄賂《わいろ》」とは不正な意図で人にわたすお金や品物のこと。
　ここでは、企業《きぎょう》の経営者《けいえいしゃ》が、法に違反《いはん》した労働が行われていないか監督《かんとく》する役所の人間にお金や物をわたして、取《と》り締《し》まりに手心を加えてもらおうとすることを意味している。

グローバルな責任《せきにん》も負わなければならないのです。

テレビやファックス、あるいはインターネットといったメディアは、ボタン一つで、わたしたちの家庭にニュースを運ぶことができます。そのような手段《しゅだん》を通じて、人権保護《じんけんほご》団体《だんたい》やジャーナリストたちは、大都市や田舎《いなか》の村で働かされている子どもたちの悲惨《ひさん》な話をわたしたちに伝えるようになりました。この本のなかにも、そうした報告《ほうこく》がたくさん取り上げられています。

働く子どもたちは南アジアに多いものの、児童労働は全世界的な問題です。ユニセフの報告《ほうこく》「世界の児童が置かれている現状《げんじょう》」（一九九七年）では、「かんたんな仕事をこなす子どもは先進国と途上国《とじょうこく》の両方を含《ふく》む世界じゅうにいるが、厳《きび》しくつらい労働をしいられる子どもの多くは発展途上国《はってんとじょうこく》で見られる」と述《の》べられています。

パキスタン出身のイクバルは、自分の国で起こっていることをわたしたちに語ってくれました。南アジアのほかの多くの国々と同じように、パキスタンでも、大人がするような仕事を子どもにさせています。

＊3　「グローバル」とは「世界的な」という意味で、「グローバル化」とは、経済《けいざい》や社会、あるいは文化の活動が国を越《こ》えて世界規模《きぼ》で結びついて一体となってゆくこと。

児童債務《さいむ》労働の問題を解決《かいけつ》するのはかんたんではありません。解決《かいけつ》のためには、子どもたちの権利《けんり》を守る法律《ほうりつ》を守らせることが必要です。しかし、その一方で、国際《こくさい》社会において児童労働を禁止《きんし》することは、あとで見るように、ひどい結果をもたらす可能性《かのうせい》がありますし、貧《まず》しい家庭がますます絶望的《ぜつぼうてき》な状況《じょうきょう》に置かれるだけかもしれません。それをさけるためには、子どもたちが働かなくても家族が生計を立てていける手立てが用意されなければならないでしょう。子どもたちにはきちんとした教育が、大人たちには無理のない労働条件《じょうけん》で十分な賃金《ちんぎん》を得られる仕事が必要なのです。

イクバルは、現代《げんだい》の奴隷《どれい》として働く多くの子どもたちのシンボルになりました。この本のなかで自分たちの身の上を語っているイクバルやそのほかの子どもたちは、子どもたちを搾取《さくしゅ》＊1から解放《かいほう》し、奴隷《どれい》労働をなくそうと努力している人権保護《じんけんほご》団体《だんたい》の活動家たちによって助けられ、自由を得ました。

イクバルの自由への道のりと、そののちに得た名声は驚《おどろ》くべきものです。その

＊1　経営者《けいえいしゃ》が労働者を安い賃金《ちんぎん》で働かせ、利益《りえき》のほとんどを独《ひと》り占《じ》めにすること。

驚《おどろ》くべき人生は、彼《かれ》がアメリカを訪《おとず》れる十二年前にはじまったのでした。

第一部

自由への道のり

―児童労働の実態《じったい》と立ち上がる人々

第一章 ぼくの名前はイクバル

「ぼくは四歳《よんさい》のときに働きはじめた。いつも朝の四時に家を出て、夜の七時に家に帰った。

イクバル・マシー」

パキスタンのパンジャブ州[*1]のまん中にあるムリドゥケ村は、暑さがたいへん厳《きび》しい土地です。小さな村には、土色の高い塀《へい》に囲まれた粘土《ねんど》造《づく》りの家々が立《た》ち並《なら》んでいます。田畑に水を引く水路では、水牛がものうげに水につかり、パシャパシャと水遊びをする裸《はだか》の小さな子どもたちの姿《すがた》が見られます。水辺の岩の上で家族の洗濯物《せんたくもの》を洗《あら》っているのは若《わか》い娘《むすめ》たちです。

シャルワール・カミーズ[*2]と呼《よ》ばれる服を着た男たちは、村の集会所に集まってお茶を飲みながら、世間話に花を咲《さ》かせています。土色の塀《へい》の内側では、若《わか》い妻《つま》たちが赤《あか》ん坊《ぼう》に乳《ちち》をやったり、夫の家族とともに暮《く》らしている家を掃除《そうじ》したりし

＊1　パキスタン北東部の州。州都はラホール。小麦や綿花《めんか》、米、サトウキビなどの栽培《さいばい》がさかん。8ページの地図を見よう。

＊2　ゆったりしたズボンと丈《たけ》の長いシャツからなるパキスタンの伝統《でんとう》的《てき》衣装《いしょう》。

＊3　パキスタンでは女性《じょせい》の名前の後にしばしば「～

ています。

強烈《きょうれつ》な日差しにあぶられているようなこの村に、サイフ・マシーと彼《かれ》の妻《つま》、イナーヤト・ビービー*3は暮《く》らしていました。ふたりはとても貧《まず》しかったので、増《ふ》えつづける家族をなんとか養っていくのさえ容易《ようい》ではなく、一家の家計は、妻《つま》のイナーヤトがほかの家の掃除《そうじ》の仕事をして得る収入《しゅうにゅう》で支《ささ》えられていました。夫のサイフは薬物中毒者で、まともな職《しょく》についてかせぐことができなかったのだとも言われています。

それにくわえて、マシー一家はキリスト教徒*4でした。マシーとは、パキスタンで一般《いっぱん》に使われているウルドゥー語で「救世主」を意味し、パキスタンに住む多くのキリスト教徒はマシーという姓《せい》です。イスラム教徒*5が大多数を占《し》めるパキスタンでは、キリスト教徒は少数派《しょうすうは》で、そのために差別にあうことも少なくありません。

マシー一家は、塀《へい》に囲まれた敷地《しきち》に建てられた二部屋の家で暮《く》らしていました。暑さが厳《きび》しい夜には、家族は中庭で、チャールパーイーと呼《よ》ばれる麻《あさ》でできた大

さん」を意味する"ビービー"という語がそえられる。

*4 キリスト教とは、イエス・キリストの教えを信《しん》仰《こう》する宗教《しゅうきょう》のこと。欧米《おうべい》に信者が多い。

*5 イスラム教とは、ムハンマドを開祖《かいそ》とし、アラーの神を信仰《しんこう》する宗教《しゅうきょう》のこと。中東を中心にアジア、アフリカに信者が多い。

きな寝台《しんだい》の上で寝《ね》ました。赤ちゃんは、チャールパーイーの下につるされる布製《ぬのせい》のハンモックに寝《ね》かされます。

一九八二年、マシー夫婦《ふうふ》には赤《あか》ん坊《ぼう》が生まれ、イクバルと名づけられました。この物語の主人公、イクバル・マシーです。

イクバルが生まれてまもなく、父のサイフは家族の面倒《めんどう》をみなくなりました。そのため、イクバルの母親が働きに出て、そのあいだ、イクバルの姉が、幼《おさな》いイクバルやほかの子どもたちの世話をしました。

イクバルは学校には行っていませんでした。パキスタンには、義務《ぎむ》教育制度《せいど》はなく、すべての地域《ちいき》に学校があるわけでもありません。貧《まず》しい家庭の子どもたちのうち、読み書きを学べるのはほんのひとにぎりでした。働きに出て家族を助けられるようになるまで、幼《おさな》いイクバルは畑で遊んですごしました。

一九八六年、イクバルの兄が結婚《けっこん》することになりました。結婚式《けっこんしき》には祝いの宴《うたげ》が開かれ、婚礼《こんれい》の行列が行われます。結婚《けっこん》はパキスタンの人々にとって、重要な意味をもっています。だから、たとえ職《しょく》を失っていたりお金に困《こま》っていたりして

◀イナーヤト・ビービーと娘《むすめ》。（上下写真提供：マーク・シャピロ）

▲イクバルの友人たち。ムリドゥケ村のイクバルの生家の前で。

も、結婚《けっこん》のお祝いをするのがふつうです。イクバルの家でも、お祝いの仕度《したく》を整えないわけにはいきませんでした。すでに家族の面倒《めんどう》をみなくなっていた一家の主《あるじ》サイフも、花婿《はなむこ》の父親として、婚礼《こんれい》の費用の一部を出さなければならないと思っていました。

ほとんどの貧《まず》しい労働者はみなそうですが、サイフには貯金をする余裕《よゆう》などはありませんでした。かといって、銀行がお金を貸《か》してくれるはずはありませんし、役所に援助《えんじょ》を願い出るわけにもいきません。貧《まず》しい人々を支援《しえん》する制度《せいど》などはほとんどなかったのです。こうした場合、イクバルの父親のように貧《まず》しい人々は、地元の金貸《かねか》しか、地主か、企業《きぎょう》の経営者《けいえいしゃ》からお金を借りるしかありませんでした。

ムリドゥケ村では、貧《まず》しい人々はたいてい、近くにじゅうたん工場を持っている工場主からお金を借りました。お金を貸《か》すときに、工場主は借金のかたに、何か価値《かち》のあるものを求めました。サイフが持っているもので価値《かち》のあるものといえば、子どもたちだけでした。

サイフは親戚《しんせき》、つまりイクバルのおじに、工場主と借金の交渉《こうしょう》をしてくれるよ

＊1　約十二ドル、日本円でおよそ千六百円（一九九八年のレートにもとづいて算出）。物《ぶっ》価《か》感覚については、7ページを見よう。

うに頼《たの》みました。工場主はこころよく――おそらく心のなかでは大よろこびして――サイフにお金を貸《か》しました。そのかわり、サイフの子どもたちのだれかが、仕事の注文が増《ふ》えつづけている彼《かれ》のじゅうたん工場で働くことになり、わんぱく盛《ざか》りのイクバルに白羽の矢が立てられました。四歳《よんさい》になったイクバルはもう働きはじめてもいいころだとみなされたのです。

イクバルのおじは、工場主の側から六百ルピー*1を借りました。幼《おさな》いイクバルは、借りたお金の全額《ぜんがく》にくわえ、契約《けいやく》ではいくらになるのか明らかにされない利息*2と経費《けいひ》を返し終わるまで、じゅうたんを織《お》ることになったのです。このように借金と引《ひ》き換《か》えに働くことを約束する債務《さいむ》契約《けいやく》は、パキスタンではペーシュギーと呼《よ》ばれます。そして、この契約《けいやく》とともに、イクバルの子ども時代は終わりを告げました。その日から、イクバルは債務《さいむ》労働者になったのです。

いまから約百五十年以上も前、アメリカには奴隷制度《どれいせいど》*3がありました。アメリカの奴隷制度《どれいせいど》とパキスタンの債務《さいむ》労働を比《くら》べてみると、共通点があります。債務《さいむ》労

---

*2 お金を貸《か》した見返りとして、貸《か》し手が借り手から一定の割合《わりあい》で定期的に受け取る金《きん》銭《せん》のこと。

*3 十七～十九世紀にかけて、アフリカ黒人とその子孫が、主にアメリカ南部で奴隷《どれい》として働かされた。リンカーン大《だい》統領《とうりょう》の奴隷解放宣《どれいかいほうせん》言《げん》（一八六三）によって廃止《はいし》された。

働者は雇《やと》い主《ぬし》に完全に支配《しはい》され、雇《やと》い主《ぬし》は労働者に対して絶対的《ぜったいてき》な力をもっている一方、労働者のほうには何一つ力はない点です。だから、労働者は仕事を変えることはできませんし、仕事を拒《こば》むこともできません。毎日一日じゅう、雇《やと》い主《ぬし》の命じるままに働かされるのです。たいていの場合、債務《さいむ》労働者の家族全員もまた雇《やと》い主《ぬし》に従《したが》わざるをえません。もしも反抗《はんこう》したり、不満を述《の》べたりすれば、殴《なぐ》られたり、虐待《ぎゃくたい》を受けたりするなどの厳《きび》しい罰《ばつ》が待っています。

一方、ちがう点もあります。

債務《さいむ》労働のような奴隷《どれい》労働は政府《せいふ》が認《みと》める公《おおやけ》の制度《せいど》ではなく、法律《ほうりつ》に違反《いはん》している点です。パキスタンでも、奴隷《どれい》労働は憲法《けんぽう》によって絶対的《ぜったいてき》に禁《きん》じられています。奴隷《どれい》労働、とりわけ児童の奴隷《どれい》労働は、全世界で法律違反《ほうりついはん》であり、貧《まず》しい労働者たちを守るための国際法《こくさいほう》もあります。でも、不幸なことに、これらの法律《ほうりつ》はかならずしもきちんと守られていないのです。

また、アメリカの奴隷《どれい》は、遠いアフリカから連れてこられた黒人たちでしたが、現代《げんだい》の奴隷《どれい》は、かならずしも他の場所からやって来るわけではありません。世界じゅうに存在《そんざい》する債務《さいむ》労働者の中には他の国々から移《うつ》り住《す》んできた人々も多くいるものの、肌《はだ》の色の違《ちが》う人たちが奴隷《どれい》にされるのではないのです。もちろん、現《げん》代《だい》の奴隷《どれい》は、かつてのアメリカのように、市場で堂々と売り買いされるわけでも、奴隷《どれい》の所有を証明《しょうめい》する書類があるわけでもありません。公《おおやけ》に奴隷制度《どれいせいど》が認《みと》められていないのに、債務《さいむ》労働者がいて、奴隷《どれい》労働がなくならない理由、それは世間の無関心と、他人の貧《まず》しさにつけこんで利益《りえき》を得ようとする人間の欲《よく》にあるのです。

イクバルが債務《さいむ》労働をはじめたとき、そうした契約《けいやく》は、南アジアの貧《まず》しい人々のあいだで広く行われていました。土地をもっていない、教育もほとんど受けたことがないような田舎《いなか》の貧《まず》しい人々が、借金のために働くという過酷《かこく》なシステムから逃《のが》れることは難《むずか》しいのです。多くの国々のたくさんの子どもたちにとって、債務《さいむ》労働は、生きていくためのやむをえない手段《しゅだん》なのです。

ある母親は、記者にこう話しています。

「子どもたちには小さいときから、『もう少し大きくなったら家族のために働くのよ。五歳《ごさい》になったら働きはじめるのよ』とくりかえし言いきかせていました。そしてそのときが来ると、子どもたちは、いやがりもせず、素直《すなお》に働きに出ていきました」

契約《けいやく》にしたがって、イクバルは六百ルピーの借金を返し終えるまで、週に六日、一日十二時間、じゅうたんを織《お》ることになりました。仕事を覚えるまでの訓練《くんれん》や道具にかかる費用と食費については、借金の額《がく》に上乗せされました。複雑《ふくざつ》な模様《もよう》のじゅうたんを織《お》っていて、何かミスをおかすようなことがあれば、罰金《ばっきん》を科せられました。じゅうたん織《お》りの技術《ぎじゅつ》を身につけるために、イクバルは約一年の見習い期間をすごし、そのあいだ給料は支払《しはら》われませんでした。

パキスタンでは子どもを売ることは法で禁《きん》じられており、雇《やと》い主《ぬし》とイクバルのおじとのあいだで、紙に書かれた契約書《けいやくしょ》が交《か》わされることはありませんでした。借金に上乗せされる費用の額《がく》は、雇《やと》い主《ぬし》だけが記録しているのです。だから、たとえ雇《やと》い主《ぬし》が勘定《かんじょう》をごまかしても、異議《いぎ》を申し立てるすべはありません。証人《しょうにん》もいなければ、契約書《けいやくしょ》もありません。売る側と買う側が握手《あくしゅ》をするだけで、イクバルはじゅうたん工場の持ち主のものとなったのです。

この「売買」が行われたとき、イクバルはその場にはいませんでした。その晩《ばん》はじめて、近くのじゅうたん工場に働きに行くことになったと告げられたのです。「どうして？」と質問《しつもん》することも、「行きたくない」などと言うこともできませんでした。妻《つま》が夫に質問《しつもん》することができないように、子どもは年上の者に質問《しつもん》をしてはならないというのが、昔からのしきたりだからです。イクバルも、だまって父親の言うことにしたがいました。そして次の日の朝から、イクバルは働きはじめたのです。

◆どのようにして子どもは売られるのか

債務《さいむ》労働者として子どもを売る契約《けいやく》のなかでは、イクバルの場合は単純《たんじゅん》なケースで、もっと複雑《ふくざつ》なケースもあります。たとえば、一人のじゅうたん輸出《ゆしゅつ》業者がいて、じゅうたんを売りたいと考えているとしましょう。この業者は、一枚《いちまい》につき五百ドルで五十枚《ごじゅうまい》のじゅうたんを買いたいと考えているヨーロッパかアメリカの店と契約《けいやく》を結びます。もしも輸出《ゆしゅつ》業者が自分の工場を持っていなければ、ふつうは、じゅうたんの仕入れを請《う》け負《お》う業者を雇《やと》って、必要なじゅうたんを手に入れてくれるようたのみます。このように、輸出《ゆしゅつ》業者はしばしば請負《うけおい》業者を通して商品を手に入れ、だれが商品を作ったのかすら知らないことがよくあります。

「半年間のうちにじゅうたん五十枚《ごじゅうまい》を用意してくれ。一枚《いちまい》につき二百五十ドル払《はら》うから」。輸出《ゆしゅつ》業者がこう指示《しじ》すると、請負《うけおい》業者は、手足となって仕事を手伝ってくれる下請《したう》け人《にん》に「半年間のうちにじゅうたん五十枚《ごじゅうまい》を用意してくれ。一枚《いちまい》につき百二十五ドル払《はら》うから」と伝えます。下請《したう》け人《にん》はさっそく仕事にとりかかり、彼《かれ》が使っている採用《さいよう》係、情報収集《じょうほうしゅうしゅう》係、輸送《ゆそう》係の人間と連絡《れんらく》を取ります。

採用《さいよう》係は地方の村々を訪《たず》ねて、情報収集《じょうほうしゅうしゅう》係と接触《せっしょく》します。情報収集《じょうほうしゅうしゅう》係は、多くの場合、その村の住人で、どの家が生活に困《こま》っているかをよく知っています。そして、採用《さいよう》係をそうした生活の苦しい家の主《あるじ》に紹介《しょうかい》します。採用《さいよう》係は、その家の大変な状況《じょうきょう》に同情《どうじょう》するふりをして、「どうです、お子さんが手仕事を身につけられる場所があるんですが、働きに出しませんか?」と、「救いの手」をさしのべるのです。

生活に困《こま》っている家には、選択《せんたく》の余地《よち》などありません。商談は成立し、子どもは輸送係《ゆそうがかり》に引《ひ》き渡《わた》され、工場に連れて行かれ、工場主のものとなるのです。下請《したう》け人《にん》には仕事に応《おう》じて報酬《ほうしゅう》が支払《しはら》われますが、彼《かれ》らが子どもたちを売るような人々より恵《めぐ》まれた生活をしているとはかぎりません。ともかく、こういう具合に、上から下へと順に指示《しじ》が下りていき、それぞれが上の指示《しじ》にしたがって動くのです。下請《したう》け人《にん》や雇《やと》い主《ぬし》のなかには、親切で子どもをやさしく扱《あつか》う人もいますが、むごい扱《あつか》いをする人たちもいます。いずれにせよ、子どもたちに重労働にみあうだけの報酬《ほうしゅう》が支払《しはら》われることはないのです。

◆見習い時代のイクバル

じゅうたん工場でのイクバルの仕事は、家庭を助けるために昼も夜も働いているほかの多くの子どもたちと大きくかわるところはありませんでした。朝四時に雇《やと》い主《ぬし》が迎《むか》えにきて、車で工場に連れて行かれます。そこで、イクバルは六年ものあいだ働くことになったのでした。

イクバルはじゅうたんを織《お》る織機《しょっき》が二十台も置かれた、風の通らない部屋《へや》に入れられました。部屋《へや》の明かりには弱々しい光を放つ小さな裸《はだか》電球があるだけで、毛糸に害を与《あた》える虫が入らないように窓《まど》はしっかりと閉《と》じられているので、部屋《へや》の中はむっとするような暑さです。

木製《もくせい》の大きな織機《しょっき》の前には、みぞのついたせまい木の台があります。イクバルは、その台の上の割《わ》り当《あ》てられた場所にしゃがんだ姿勢《しせい》で仕事をさせられました。工場によっては、クッションに座《すわ》って仕事をする場合もあります。また、地面に織機《しょっき》を固定するみぞが掘《ほ》ってあって、織《お》り手《て》は板に腰掛《こしか》けて、足をみぞの中にぶらぶらさせることのできる工場もあります。この場合、みぞは、家族とはなれて働いている子どもたちの寝《ね》る場所にもなるのです。織機《しょっき》のそばには、赤や青、紫《むらさき》、緑など、色とりどりの大きな毛糸の束《たば》がつるしてあります。それらの毛糸が、きれいな花や、堂々とした木や、エキゾチックな鳥、あるいは洗練《せんれん》された幾何学模《きかがくも》様《よう》＊1などに織《お》り上《あ》げられるのです。イクバルはこのころ、工場の教育係から「結び目組み」と呼《よ》ばれる工程《こうてい》を教わりました。

◆縦糸《たていと》と横糸

じゅうたん織《お》りは、木枠《きわく》に白い毛糸のより糸を縦《たて》に張《は》った状態《じょうたい》から始められます。この白い糸は「縦糸《たていと》」と呼《よ》ばれ、じゅうたんの骨組《ほねぐ》みにあたります。イクバルは、色のついた糸を毛糸の束《たば》から引《ひ》っ張《ぱ》ってきて、それを白い縦糸《たていと》に一つずつからめながら小さな結び目を作っていくことを教えられました。水平に並《なら》んだ何列もの色糸は、「横糸」と呼《よ》ばれ、正確《せいかく》に同じ厚《あつ》さになるように切りそろえなければなりません。さもないと、できあがったじゅうたんは厚《あつ》さがそろわず、でこぼこになってしまいます。

＊1　四角や三角、円、ひし形などの図形を組み合わせた模様《もよう》のこと。

工場で働くほかの子どもたちと同じように、イクバルは、横糸のたくさんの結び目をきつく結びつけるのに使う、先のとがった道具の使い方を学びました。結び目が一列仕上がると、金属《きんぞく》の鋭《するど》い歯がならんだ「打《う》ち櫛《ぐし》」と呼《よ》ばれる道具で、ぴんと張《は》ります。そして、鋭《するど》いナイフで毛糸を同じ長さに切りそろえます。それは、複雑《ふくざつ》ではあるものの、単調な作業です。まだ仕事になれていない子どもはよく注意をしないと、鋭《するど》い歯で手を深く切ってしまいます。複雑《ふくざつ》な模様《もよう》は、色糸をどのように配置するのかを描《えが》いた、ナクシャと呼《よ》ばれる紙の見取り図にしたがって織《お》り上《あ》げられていきます。こうしてきれいなじゅうたんは作られるのです。

◆器用な指先

習熟《しゅうじゅく》した織《お》り手《て》が、百万かそこらの結び目からなる複雑《ふくざつ》な模様《もよう》の、六フィート×四フィート（約一メートル八十三センチ×約一メートル二十二センチ）のじゅうたんを一枚《いちまい》作るのには約半年かかります。結び目が小さく密《みつ》であればあるほど、そうでないじゅうたんより、高い値《ね》がつきます。じゅうたん製造《せいぞう》業者のなかには、織《お》り手《て》の指が小さいほど、小さい結び目を作ることができると言う者がいます。そうした小さくて器用な指をしているのは、もちろん、子どもだというのです。じゅうたん織《お》りだけではありません。熱湯で煮《に》てやわらかくなったカイコの繭《まゆ》を湯の中から取り出して生糸《きいと》をじょうずにほぐすのも、ネックレスやブレスレットに銀の小さな花をはんだづけ*1するのも、サッカーボールを縫《ぬ》うのも、現地《げんち》でビーディーと呼《よ》ばれる安いタバコを巻《ま》くのも、子どもの小さくて器用な指先が向いているというのです。

人権保護団体《じんけんほごだんたい》は、それは事実と異《こと》なる、と主張《しゅちょう》しています。子どもは質《しつ》のよくない安い商品しか作れない。子どもの手先が器用だというのは、子どもたちに奴《ど》隷《れい》労働をさせるための言《い》い訳《わけ》の一つにすぎないと、反論《はんろん》しています。

活発な子どもだったイクバルにとって、長時間じっとしているのは、初めのうちはむずかしいことでした。イクバルが作業場からはなれないようにするために、監督《かんとく》が何時間も織機《しょっき》に鎖《くさり》でつなぐこともありました。監督《かんとく》はいつも作業場にいて、子どもたちがちゃんと働いているか、目を光らせているのでした。

---

*1 「はんだ」はスズと鉛《なまり》の合金。金属《きんぞく》をくっつけるのに使う。

▲ じゅうたんを織《お》る債務《さいむ》労働者たち。手に持っているのはじゅうたんの図《ず》柄《がら》の見取り図。（写真提供：ファラッド・カリーム）

第二章 じゅうたん織《お》り

「ぼくたちはひどくおびえていて、助けあったりすることなどできなかった。」

イクバル・マシー

見習い期間を終えたイクバルは、すぐにじゅうたん織《お》りの仕事を始めました。工場では二十人の少年といっしょに働いていました。でも、朝四時から夜の七時まで働いても、一日の稼《かせ》ぎはたったの一ルピー（約二・六円）でした。

作業場では、子どもたちがお互《たが》いに話しかけることは禁《きん》じられていました。「おしゃべりすると気が散るでしょう。そうすると、仕事でミスをしてしまうんだ」と、イクバルは後にジャーナリストに語っています。自由になったほかの子どもたちの多くも、同じことを言っています。

作業場には、こまかな毛糸くずや繊維《せんい》のほこりが宙《ちゅう》にただよっています。イクバルはいつも息をするたびにそのほこりを吸《す》い込《こ》み、せきをして吐《は》き出《だ》していました。織機《しょっき》にかがみこむ顔からは、汗《あせ》が滝《たき》のように流れ落ちます。すると、「毛糸を汚《よご》すな！」という、工場主である親方のどなり声が飛んできます。

夜には車で家へ送られますが、疲《つか》れきっていて、大好きなクリケット*1をする気力も残っていません。「遊ぶ時間なんかなかったよ」と、イクバルはそのころのことをふり返っています。イクバルの足取りから元気がなくなるのに時間はかかりませんでした。

「仕事中は作業場をはなれるな」。イクバルたちはそう言われていました。「『もしも逃《に》げ出《だ》したりしたら、煮《に》えたった油の中に放《ほう》り込《こ》んでやるからな』。ぼくたちはそう言われておどかされていた。仕事が遅《おそ》いと、頭や背中《せなか》をむちで打たれるんだ」と、イクバルは語っています。

仕事に集中することがなにより大切でした。一つでもミスをすれば、罰金《ばっきん》を科せられたり、殴《なぐ》られたりするのです。それに、うたた寝《ね》でもしたら、とんでもないことになりかねません。三日月形のとがった道具が滑《すべ》って、指を切ってしまう

*1 イギリスで古くから親しまれているスポーツで、十一人ずつの二チームで行う。ボールをバットで打ち合い得点を競う。

からです。じっさい、そんな事故《じこ》はよく起きたのです。

あるとき、イクバルはひどく疲《つか》れてうとうとしはじめました。鋭《するど》いナイフが滑《すべ》り落《お》ち、人差し指に突《つ》き刺《さ》さりました。「手を上げろ！　血のしずくをこぼすんじゃない！」。親方がどなります。高価《こうか》な毛糸が血で汚《よご》れるのを嫌《きら》ったのです。油は傷《きず》をふさいで出血を止めるために、親方は傷口《きずぐち》に熱い油を垂《た》らしました。油は傷口《ぐち》にふれるとひどく痛《いた》むので、イクバルは悲鳴《ひめい》を上げました。しかし、親方はイクバルに平手打ちをくらわせ、「仕事にもどれ！」と命じるのでした。

午後になると、毎日三十分ほどのお昼休みが与《あた》えられました。「ぼくたちはいつもお腹《なか》をすかせていた」とイクバルは言っています。工場主は、子どもたちに、ほんの少しのご飯と豆の食事しか与《あた》えません。たまに、少しの野菜が加えられるくらいです。こんな貧《まず》しい食事の代金でさえ、子どもたちの借金に上乗せされて、その額《がく》がふくれていくのでした。

せまくて暑い作業場で働く子どもたちは、よく病気になります。空気中にただよう無数の細かな糸ぼこりを吸《す》い込《こ》むと、肺気腫《はいきしゅ》＊2や肺結核《はいけっかく》＊3にかかるおそれがあり

＊2　肺《はい》の機能《きのう》が弱まって、吸《す》い込《こ》んだ空気が肺《はい》の中にたまったままになる病気。

＊3　結核菌《けっかくきん》によって起こる肺《はい》の重い病気。

ました。つねに毛糸に触《ふ》れているせいで、疥癬《かいせん》＊1や皮膚《ひふ》の潰瘍《かいよう》＊2に苦しむ子が大勢《おおぜい》いました。また、多くの場合、子どもたちは長時間、木の台の上にしゃがんで背中《せなか》を曲げた姿勢《しせい》でいなければならなかったので、手は手根管症候群《しゅこんかんしょうこうぐん》＊3や関節炎《かんせつえん》で痛《いた》みました。

「長く仕事を休むなんてことは許《ゆる》されなかった。病気になっても休むことさえできないんだ」とイクバルは語っています。もしも、「具合が悪くて働けない」などと訴《うった》えようものなら、監督《かんとく》はその子を、お仕置き部屋《べや》と呼《よ》ばれている暗い物置きの中に閉《と》じ込《こ》めてしまいました。「逆《さか》さづりにされて、ますます病気がひどくなったり、殴《なぐ》られたりする子どももいた」と言います。

　たいていの子どもたちは、おとなしく言われることにしたがいましたが、中には口答えする子もいました。そうした子どもたちは、殴《なぐ》られたり、鎖《くさり》で織機《しょっき》につながれたり、暗くてかび臭《くさ》い物置きに閉《と》じ込《こ》められたりしました。イクバルもそうした口答えする子どもの一人でした。イクバルは何度も親方に反抗的《はんこうてき》な態度《たいど》を取ったので、ほかの子どもたちよりも多く殴《なぐ》られました。これは筋《すじ》が通らないと

＊1　ひどくかゆい、伝染性《でんせんせい》の皮膚《ひふ》病《びょう》。

＊2　ただれてくずれること。

＊3　手首の神経《しんけい》が圧迫《あっぱく》されて、しびれや痛《いた》みを起こす病気。

感じることがあると、イクバルは黙《だま》ってはいないのです。「しょっちゅう罰金《ばっきん》をくらったよ」と、イクバルはそのころのことをふり返っています。

ある意味で、罰金《ばっきん》を科せられるのは、殴《なぐ》られるのよりも始末が悪いことでした。雇《やと》い主《ぬし》は、イクバルの借金の額《がく》をどんどん吊《つ》り上《あ》げていったからです。借金を返すどころか、イクバルが自由の身になれる日はどんどん遠のいていったのです。

イクバルが働いていたのと同じような工場では、子どもたちはちょっとした理由でも、ひどい目にあわされました。ある少年は、仕事が下手《へた》だというだけで、監督《かんとく》からたえず棒《ぼう》でたたかれました。また、ある人権保護団体《じんけんほごだんたい》の調査員《ちょうさいん》は、サリムという少年のケースを報告《ほうこく》しています。「あるとき、サリムが大きなミスを犯《おか》しました。すると、親方は羊の毛を刈《か》るナイフで、サリムの親指と人差し指の間を切《き》り込《こ》んだのです。震《ふる》え上《あ》がったサリムは二度と親方に口答えしようとはしなかったそうです」

◆働く少女たち

債務《さいむ》労働につかされている少女たちは、少年たちよりもさらにつらい目にあいます。彼女《かのじょ》たちは、少年たちよりもさらに安い賃金《ちんぎん》で働かされるばかりか、つねにあらゆる種類の性的虐待《せいてきぎゃくたい》にさらされるからです。そのうえ、お金をかせぐために長時間働いたあとに、家でも働かなければなりません。弟や妹たちの世話をし

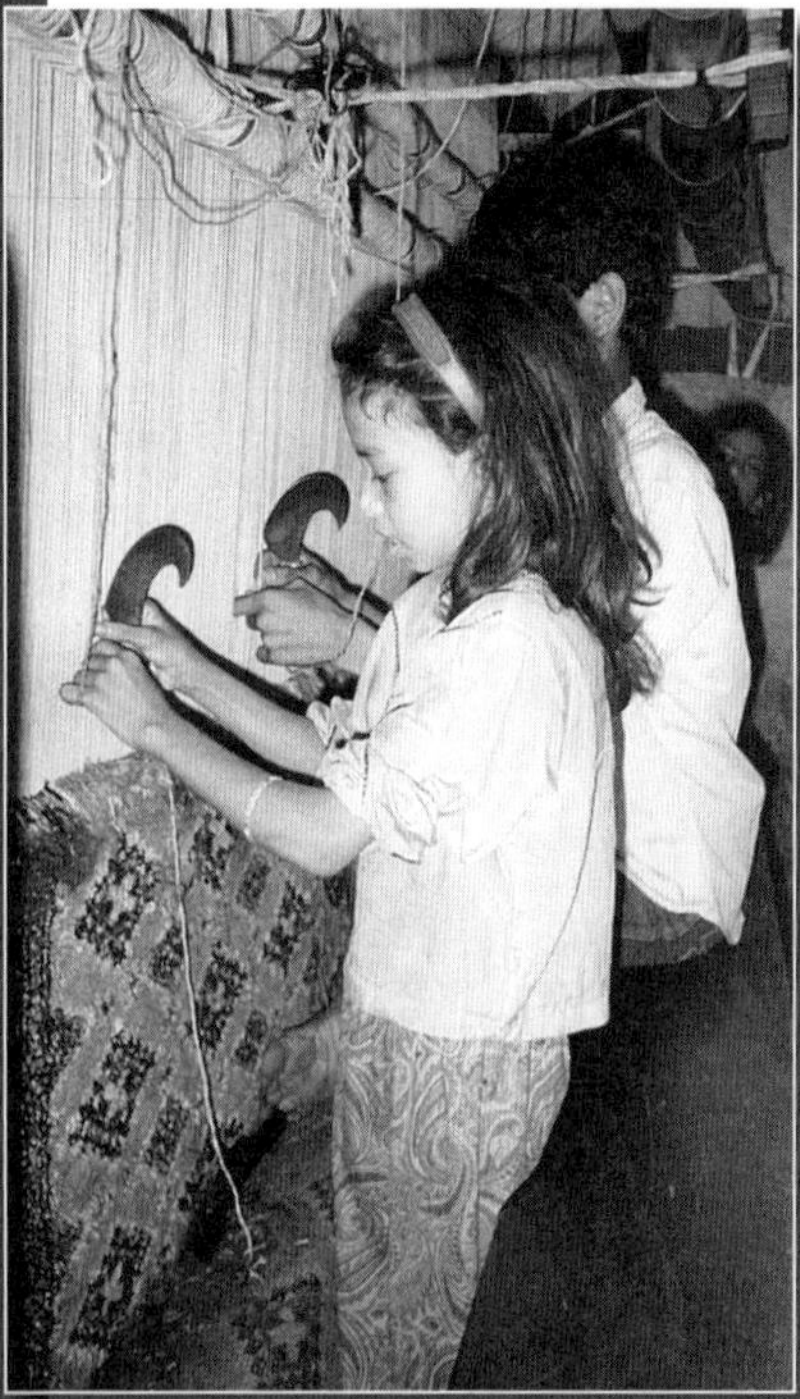

▲じゅうたんを織《お》る債務《さいむ》労働者の少女。
（写真提供：ファラッド・カリーム）

たり、家を掃除《そうじ》したり、洗濯《せんたく》をしたり、市場で買い物をしたり、料理をしたりしなければならないのです。ある夜間学校で、人権保護団体《じんけんほごだんたい》の調査員《ちょうさいん》が、働いている子どもたちに、「休みには何をして遊ぶの?」とたずねたことがありました。男の子たちは、「友だちと遊んだり、映画《えいが》を見に行ったり、自転車に乗ったりする」と答えました。でも、女の子たちは質問《しつもん》の意味がわかりませんでした。「女の子たちには遊ぶ時間なんてないのです。お金をかせいだり借金を返すために働いたりしていないときには、家族のために働いているのですから」と、学校の先生が説明しました。

いろいろとつらいことはあっても、少女たちの中には、債務《さいむ》労働につくことを、お金がかせげて、村での単調できつい仕事から逃《のが》れられるチャンスだと考える子もいます。ネパールの首都カトマンズ*1でじゅうたん織《お》りとして働く少女ガウリ・マヤ・タミングは、じゅうたん織《お》りになる前、八人の弟や妹たちの世話をするのにうんざりしていました。彼女《かのじょ》はカトマンズのような大きな町に出て、「ちゃん

---

*1 ネパールの中部にあり、ヒンドゥー教・仏教の古寺院が多い。一九七九年、世界遺《い》産《さん》の文化遺産《いさん》に登録された。8ページの地図を見よう。

とした」仕事ができることにわくわくしていました。

わたしの家族は、カトマンズからバスで十時間ほどのヘタウダの町の近くの村に、ネコの額《ひたい》ほどの土地を持っていました。でも、生活は苦しくて、わたしたち子どもも、家事や畑仕事を手伝わなければなりませんでした。わたしも、たきぎや飼葉《かいば》を集めたり、赤《あか》ん坊《ぼう》の世話をしたり、畑で種まきや草取り、収穫《しゅうかく》をしたり、子牛に草を食べさせに外に連れて行ったりしていました。

同じ村に住む男の人がやって来て、「カトマンズでじゅうたん織《お》りの仕事をすればいいかせぎになる」と持ちかけたのは、わたしが十一歳《じゅういっさい》のときでした。わたしはわくわくしました。首都に行けるだけでなくて、家でのつらい生活から逃《のが》れられると思ったからです。両親もその話に喜んでいました。村の娘《むすめ》の中には、カトマンズでじゅうたん織《お》りになって、家にお金を仕送りしている子が何人かいるのを知っていたからです。

わたしは働きはじめるまで、工場で三か月訓練《くんれん》を受けました。その間は、ほかの見習いと同じようにお金はもらえませんでしたが、食事と寝《ね》る場所を与《あた》えられました。そのときが一番つらいときでした。だんだん指がかじかんでくるので、織機《しょっき》にぴんと張《は》った糸の間で指を動かすのはつらいんです。今はもう慣《な》れたけど、それでもつらい仕事には変わりありません。背中《せなか》は痛《いた》いし、せきはでるし、冬には手がかさかさになるから、きつい仕事です。ときどき熱が出たけど、町の薬局で買った薬を飲んで治しました。

わたしは、月に五百ネパール・ルピー（約千円）の給料をもらっています。二人の仲間といっしょに一台の織機《しょっき》を使って、十五フィート×十六フィート（約四メートル五十七センチ×約四メートル八十八センチ）のじゅうたんを、月にだいたい二枚《にまい》作るんです。わたしたちが作るじゅうたんは外国で、一枚《いちまい》が、一万ネパール・ルピー（約二万円）以上で売れるって聞きました。

わたしたちがもらうお金はほんとうに少ないんです。わたしは五人の女の子と同じ部屋《へや》で暮《く》らしていますが、部屋代《へやだい》としてそれぞれ五十ネパール・ルピー（約百円）払《はら》うことになっています。それに加えて、食べ物や燃料《ねんりょう》、服、薬も買わなければなりません。だから、貯金にまわせるお金はあまり残りません。そのお金は工場に預《あず》けてあって、四か月に一回くらいお父さんが村からやって来て、持って帰ります。

二年くらい前にここで働きはじめてから、わたしは一度も家には帰っていません。でも生活はここの方が楽だし、友だちもいるから楽しいんです。ときどき映画《えいが》も見に行けるし。家には帰りたいけど、もっとお金をかせいでからでないと。「この秋には妹をここに連れて来る」って、お父さんが言っていました。妹と暮《く》らせて、いっしょに家族の助けになれるのはすてきです。

ジャーナリストのジョナサン・シルヴァーズは、債務《さいむ》労働はごくあたりまえに行われているので、子どもたちの多くは、大人になるための機会というくらいに考えていると言います。彼《かれ》がインタビューしたイルファナという十二歳《じゅうにさい》の少女は、次のように語っています。「わたしもわたしの友だちも、そのうち工場か農場で働くことになるだろうなって思っていたわ。家事や赤《あか》ん坊《ぼう》の世話をするのにはもうあきあきだったから、早く仕事についてかせぎたいと思ってた。そのときは、働くことはすばらしいことのように思っていたし、働いている子どもはとてもりっぱに見えたの」

しかしイルファナはまもなく、自分が期待していた生活が「すばらしい」ものなどではないことに気づかされたのでした。「親方は、わたしたちを、まるで家《か》畜《ちく》みたいに売り買いしたの。ずいぶん遠くへ連れて行かれることもあったわ。男の子たちは長時間働かせるためにしょっちゅう殴《なぐ》られていたし、女の子たちは暴《ぼう》行《こう》を受けた。わたしの親友は、性的暴行《せいてきぼうこう》を受けたあと病気になってしまった。その子が働けなくなると、親方は千キロメートルもはなれた村の知り合いに売ってしまったの。その子がどこに売られたのか、家族も教えてもらえないし、それ以来会っていないの」

子どもたちの多くは家族から遠くはなれて働いています。また与《あた》えられる食事はわずかで、清潔《せいけつ》な服も与《あた》えてもらえません。夜は、工場の中か、近くの小屋で寝《ね》泊《と》まりします。扉《とびら》や窓《まど》には、子どもたちが逃《に》げられないように鍵《かぎ》がかけられています。それに、何かミスをしたり、不平をもらしたり、あるいは家族のことをたずねたりしただけで、殴《なぐ》られたり、こっぴどく痛《いた》めつけられたり、つらい罰《ばつ》を与《あた》えられたりするのです。

◆タールのじゅうたん織《お》りの子どもたち

タール*1は南パキスタンに広がる砂漠《さばく》地帯です。舗《ほ》装《そう》された道路はほとんどなく、人や動物に踏《ふ》み固《かた》められた道が砂《さ》漠《ばく》を縫《ぬ》うように走っているだけ。塩気のある井《い》戸《ど》水《みず》は飲み水には適《てき》していませんし、結核《けっかく》やマラリア*2がはびこっています。この地方の経済《けいざい》活動といえば密輸業《みつゆぎょう》ぐらいで、旅人や観光客をまったく寄《よ》せつけないような土地です。

あるとき、一人のカナダの人権保護《じんけんほご》団体《だんたい》の調査員《ちょうさいん》が、債務《さいむ》労働についての調査《ちょうさ》の一環《いっかん》として、タールを訪《おとず》れました。そして真夜中、彼《かれ》と地元の人権《じんけん》活動家は、

---

*1　8ページの地図を見よう。

*2　ハマダラカによって媒介《ばいかい》される伝染病《でんせんびょう》。高い熱が出る。

高いしっくいの壁《かべ》に囲まれた施設《しせつ》にしのびこみました。壁《かべ》の向こうには、じゅうたん織《お》りの少年たちがいました。「その施設《しせつ》では作業場が建物の外にしつらえてあるので、わたしが以前訪《おとず》れた町の工場よりはましに思えました」と、その調査《ちょうさ》員《いん》は語っています。

監督《かんとく》はそのとき施設《しせつ》にいなかったので、子どもたちは進んで話したがりました。すぐに打《う》ち解《と》けて話をしてくれる子どもがいる一方で、内気な子どももいました。調査員《ちょうさいん》はこう言っています。「その子たちを実際《じっさい》に見ていない人は、『へーえ、いろんな子がいるんだね』と思うでしょう。まさにそうなのです。その子たちだって、この国のほかの子どもと変わらない、ふつうの子どもなのですから」

子どもたちは、自分たちがなぜ働かなければならないか、よくわかっていました。ある少年は、「お父さんとお母さんがお金を借りたから、ぼくがここで見習いをやっているんだ」と言いました。別の少年は、「お母さんが急にお金が必要になったから、働いているんだ」と答えました。でも、どうしてお金が必要なのかは、その子は知りませんでした。「ぼくが八歳《はっさい》のとき、お母さんが五千ルピー

▲ じゅうたんを織《お》る債務《さいむ》労働者の少年。

（写真提供：マッツ・オーマン／バーグマー・プロダクション）

(約二万円)を貸《か》してもらう代わりに、じゅうたん工場で働くことになったのさ」。

そして少年は砂漠《さばく》にあるじゅうたん工場に連れて行かれ、そこで寝泊《ねと》まりして働くことになったのでした。たまには、お母さんのいる家で一晩《ひとばん》か二晩《ふたばん》過ごすことが許《ゆる》されたものの、ほかの多くの子どもたちと同じように、一日に十二時間から十六時間、週に六日か七日、じゅうたんを織《お》っていました。食べるものはわずかで、自由な時間も少ししかもらえません。病気になっても治療《ちりょう》してもらえませんでした。「家族の借金を返せるだけかせぐまで働き続けるんだ」と言われたのです。もしも、何かミスをすると、罰金《ばっきん》を科せられ、仕事の進み具合が遅《おそ》いと、棒《ぼう》でたたかれました。工場主は、「お前の面倒《めんどう》を見てやるのにもお金がかかるからな」と言って、借金の額《がく》を増《ふ》やしました。借金の額《がく》がふくらむにつれ、それを返すのは不可能《ふかのう》になります。カナダの調査員《ちょうさいん》が会ったとき、少年は十九歳《じゅうきゅうさい》になっていましたが、それでもまだ借金を返すために働き続けていたのです。

工場の少年たちは、一人一人、調査員《ちょうさいん》に不満をもらしました。彼《かれ》らが不満なのは、働くことではなくて、自分たちの扱《あつか》いについてでした。そして、「あいつらは意地が悪いんだもの」とか、「殴《なぐ》るし、どなるし、ひどい言葉でののしるんだ」などと訴《うった》えました。「ほんの少し休むために、道具でわざと自分の手を切ることもよくあるよ」と打ち明ける子もいました。

仲間の何人かが脱走《だっそう》を試みたときのことも語ってくれました。監督《かんとく》がうたた寝《ね》したすきに、壁《かべ》をよじのぼって、逃《に》げ出《だ》したというのです。その子たちは、近くの家に駆《か》け込《こ》んで助けを求めましたが、家の主人は、「工場主は有力者だから、おまえたちをかくまえば、おれがひどい目にあう」と言って追い出しました。行く当ても、助けてくれる人もない少年たちは、砂漠《さばく》に向かって歩き出したのでした。夜になるまで歩き続けるうちに、自分たちがもう、どこにいるのかもわからなくなりました。でも、自由になることはできたのです。

ところが、とつぜん車が近づいて来ました。工場主でした。「乗るんだ！」工場主はどなりました。車に乗った少年たちは工場に連れもどされ、こっぴどく殴《なぐ》られました。そして次の日、ひどく傷《きず》ついた体で仕事にもどらなければなりませんでした。

「ぼくたちは、家へ帰してくれるよう、パンナ・ラルに泣いて頼《たの》んだんだ。

インドの少年、スライ（七歳《ななさい》）」

パキスタンの北西にある村で、一人の少年が家の近くで遊んでいました。そこへ男が車でやって来て、少年をさらい、家から遠くはなれたじゅうたん工場に売り飛ばしてしまいました。少年は、工場が男に払《はら》った代金を返すまで自由にはなれないと言われました。

ひどいことに、こうした誘拐《ゆうかい》はけっして珍《めずら》しいことではありません。世界でもっとも古い国際人権保護団体《こくさいじんけんほごだんたい》である国際反奴隷制協会《こくさいはんどれいせいきょうかい》は、誘拐《ゆうかい》され、奴隷《どれい》として売り飛ばされた子どもたちの悲惨《ひさん》な事例を報告《ほうこく》しています。

インドのある小さな町の理髪師《りはつし》が、何人かの少年たちに、別の町の映画館《えいがかん》に連れていってあげると声をかけました。でも、少年たちは、その前に、どこへ行くのか両親には話してはいけないと約束させられました。映画《えいが》が見られると聞いて大よろこびの子どもたちは、「だれにも話さない」とおごそかに誓《ちか》いました。ところが理髪師《りはつし》は、映画館《えいがかん》どころか、別の州の片田舎《かたいなか》の村に子どもたちを連れてゆき、債務《さいむ》労働者として売り飛ばしてしまったのです。

最初、少年たちは閉《と》じ込《こ》められ、殴《なぐ》られました。食べ物をほしがったり、「ここはどこなの?」とたずねたり、「家に帰りたい」と言ったりするたびに殴《なぐ》られるのです。朝の四時になると、工場主に冷たい水をぶっかけられて起こされ、そのままお昼まで働かされました。昼食は、ローティーと呼《よ》ばれるインドの平たいパンと豆だけです。昼食が終わると、真夜中まで働かされました。当然、子どもたちの多くが病気になりました。でも、薬ももらえず、医者にもみせてもらえないのです。七人の子どもが逃《に》げ出《だ》そうとしましたが、つかまえられ、こっぴどく罰《ばっ》せられました。

債務解放戦線《さいむかいほうせんせん》*1（ＢＬＦ）と呼《よ》ばれるインドの人権保護団体《じんけんほごだんたい》が警察《けいさつ》に調査《ちょうさ》させる

---

*1　89ページを見よう。

ことができたのは、二か月後のことでした。子どもたちは解放《かいほう》されて、家族のもとに帰されました。理髪師《りはつし》は逮捕《たいほ》され、警察《けいさつ》の取り調べに対して、新しいバイクを買うお金がほしくて子どもたちを売り飛ばした、と供述《きょうじゅつ》しました。その後まもなく、理髪師《りはつし》は保釈金《ほしゃくきん》*2を積《つ》んで、釈放《しゃくほう》されました。子どもたちを虐待《ぎゃくたい》した工場主のパンナ・ラルは、罪《つみ》に問われることさえありませんでした。

イクバルのように、毎日じゅうたんを織《お》っている子どもたちはまだたくさんいます。しかし、児童債務《さいむ》労働はじゅうたん織《お》りだけではありません。次の章で紹《しょう》介《かい》されるアシクはレンガを作っていますし、スマシやヴェラユルハンは巻《ま》きタバコを作っています。セルヴァクマルは銀細工の仕事をしています。家族といっしょに働いている子どももいれば、ガウリ・マヤのように、家族から遠くはなれた場所で働いている子どももいます。

これらの子どもたちは――その多くは最近解放《かいほう》されたばかりですが――人権保《じんけんほ》護《ご》団体《だんたい》の調査員《ちょうさいん》や監視員《かんしいん》たちに、仕事場でどんな生活を送っていたか、語ってい

---

*2 保釈《ほしゃく》とは、犯罪《はんざい》に問われて身《み》柄《がら》を拘束《こうそく》された人について、裁判《さいばん》で判決《はんけつ》が出る前に釈《しゃく》放《ほう》が認《みと》められること。保釈金《ほしゃくきん》とは、保釈後《ほしゃくご》の逃亡《とうぼう》を防《ふせ》ぐ目的で、裁判所《さいばんしょ》がその人に納《おさ》めさせる保証金《ほしょうきん》。

ます。彼《かれ》らは、工場や農場、家庭、鉱山《こうざん》、商店でつらい仕事を続けているほかの子どもたち、声をあげることや顔を見せることのできない子どもたちに代わって話しているのです。

▲ じゅうたんを織《お》るインドの少年。1日に12時間ほども働かされて、粗末《そまつ》な食事が1回しか与《あた》えられないこともあるという。

（写真提供：フリー・ザ・チルドレン・ジャパン）

第三章 現代《げんだい》の奴隷《どれい》労働

「お父さんが亡《な》くなって、わたしも、お母さんもとても悲しい。職場《しょくば》ではいつもひどく怒《おこ》られるし、毎日がほんとうにつらいの。」

インドの少女ムニラスナ（十二歳《じゅうにさい》）の言葉。彼女《かのじょ》は父親が亡《な》くなった後、借金のかたに売られた。

◆レンガ職人《しょくにん》

ぼくの名前はアシク。いま十二歳《じゅうにさい》で、六年前からレンガ工場で働いている。ぼくの仕事場は、ラホール*1郊外《こうがい》のワガー近くの幹線道路《かんせんどうろ》沿《ぞ》いにあって、そこで父さんや兄さんといっしょに働いている。父さんは、姉さんの結婚《けっこん》のために、二万ルピー（約七万九千円）を借りたんだけど、それが二年間で二万五千ルピー（約九万八千円）にふくらんでしまった。ぼくたちは借金を返す

*1 パキスタン北東部にある、パンジャブ州の州都。8ページの地図を見よう。

ため、賃金《ちんぎん》の十五パーセントをレンガ工場の持ち主に差し引かれてしまう。ぼくたちの毎日のかせぎは、一日に千個《せんこ》のレンガを作っても、やっと七十ルピー（約二百七十円）にしかならない。ぼくは三か月しか学校に行かなかった。工場主から言われて、父さんはぼくが学校に行くのをやめさせ、工場で働くようになったから。ぼくたちは、まだ暗い、午前二時ごろから働きに行き、日が沈《しず》んだ六時に家に帰る。休憩《きゅうけい》時間は八時から八時半のたった三十分だけ。遊ぶ時間なんてないし、休みがもらえるのは月に一日しかない。ぼくは債務《さいむ》労働から解放《かいほう》されて、自由になりたい。そしてもっといい手仕事を学びたい。父さん、十五歳《じゅうごさい》の兄さん、八歳《はっさい》の妹、そしてぼくの四人で働いて、週になんとか五百ルピー（約二千円）くらいかせいでいるんだ。

レンガ工場の労働者たちは、家族みんなで、朝早くから夜遅《おそ》くまで働きます。はだしで働く彼《かれ》らは、夏には焼けつくような日差しに、冬には凍《こお》りつくような寒さにさらされます。そして一日じゅう、粘土《ねんど》の細かいほこりを吸《す》い込《こ》むのです。

レンガを作るには、工場の近くから掘《ほ》り出《だ》された泥《どろ》を水と混《ま》ぜ合《あ》わせて、原料の粘土《ねんど》を作ります。パテーラーと呼《よ》ばれる労働者たちは、この粘土《ねんど》を型に入れて、レンガの形に整えます。できた生のレンガは、別の労働者たち（ふつうは大人たち）の手で窯《かま》に運ばれるのです。

国際人権監視組織《こくさいじんけんかんしそしき》＊1ヒューマン・ライツ・ウォッチ・アジア局の報告《ほうこく》によれば、一家族が一日におおよそ千個《せんこ》のレンガを作るといいます。そして、通常《つうじょう》、千個《せんこ》のレンガに対して、八十ルピー〜百十ルピー（約三百円〜約四百円）の賃金《ちんぎん》が支払《しはら》われます。その同じレンガが、市場では千三百ルピー（約五千円）で売られるのです。労働者たちは、工場主から雇《やと》われた監督《かんとく》によって見張《みは》られています。もし、労働者が何らかの理由で工場からはなれなくてはならないときには、逃《に》げ出《だ》さないように、家族のだれかを人質《ひとじち》として残すか、大事な持ち物を置いていかなければなりません。たとえ、労働者が警察《けいさつ》に訴《うった》えても、あざけられ、ひどい目にあわされ、工場に連れもどされるのが落ちなのです。

＊1　一九七八年に誕生《たんじょう》した人権監《じんけんかん》視《し》NGO。世界各地に向け、人権《じんけん》に関する的確《てきかく》な情報《じょうほう》を発信している。

◆手《て》巻《ま》きタバコ作り

わたしのお父さんとお母さんは、仲介人《ちゅうかいにん》について働きに行くように言うの。仲介人《ちゅうかいにん》はしょっちゅうわたしを殴《なぐ》るわ。そのことをお父さんに話すと、次の日は家にいさせてくれるけど、また働きに行かされる。行きたくなんてないけど、両親は、どうしてもわたしが働きに出なければならないと言うの。わたしは仲介人《ちゅうかいにん》がこわい。それでも、両親は仕事に行かせるし、わたしがいやがると、しかってひっぱたくわ。

毎週、仲介人《ちゅうかいにん》はわたしが働いた分の賃金《ちんぎん》を両親にわたすけど、金額《きんがく》がいつもより少ないと、両親はわたしをひっぱたく。

わたしの家は七人家族で、食べていくのも大変。だから、お父さんは、仲介人《ちゅうかいにん》にもっとお金をくれと言いに行くの。でも、仲介人《ちゅうかいにん》は、わたしの働きが少ないといって、聞き入れてくれない。わたしは毎日いっしょうけんめい働いているのに。

スマシ(インドの十二歳《じゅうにさい》の少女。七歳《ななさい》のときから手《て》巻《ま》きタバコを作っている)

ビーディーと呼《よ》ばれる手巻《てま》きタバコを巻《ま》く子どもたちは、汚《きたな》い床《ゆか》にあぐらをかいてすわり、タバコの葉や巻紙《まきがみ》がいっぱい入った麦わら製《せい》のかごを、ひざの上にのせて仕事をします。紙の上にタバコの葉をのせてしっかりと巻《ま》き、糸でしばるのです。この、タバコの葉を紙で巻《ま》く作業をするのは、たいてい、まだ働きはじめたばかりの幼《おさな》い子どもです。

多くの場合、子どもたちは、あごが胸《むね》につくように頭をかがめた姿勢《しせい》を取るように教えられています。そうすれば、速くタバコを巻《ま》くことができるからです。十歳《じっさい》以上の子どもたちの多くは、一日に、千五百本から二千本のタバコを巻《ま》くことができます。

十四歳《じゅうよんさい》の少年M・サリサはユニセフ*1の職員《しょくいん》にこう語っています。「仕事がおそ

*1　14ページを見よう。

いと、殴《なぐ》られるんだ。『どうしてじょうずに巻《ま》けないんだ。一つ一つが大きすぎるし、数も少ないぞ。顔を上げるな。下を向いてタバコを巻《ま》くんだ』と言われて。

▲手《て》巻《ま》きタバコを巻《ま》くインドの少女。（写真提供：ユニセフ）

速く巻《ま》けても、手や首が痛《いた》いし、ずっと下を向いて仕事をしているから背中《せなか》も痛《いた》いんだ」

レンガ工場と同じように、手巻《てま》きタバコの労働者たちも見張《みは》られていて、仕事が遅《おそ》いと、監督《かんとく》からどなられたり、むちで打たれたりするのです。人権保護団体《じんけんほごだんたい》の調査員《ちょうさいん》たちは、子どもたちが顔をずっと下に向けて仕事に集中するように、あごの下にマッチ箱をはさんで仕事をさせられているのを目撃《もくげき》しています。

八年間タバコ巻《ま》きの仕事をしてきたM・ヴェラユルハンは、ユニセフの職員《しょくいん》に、五十五セント（約七十二円）にも満たない賃金《ちんぎん》で一日に二千本ものタバコを巻《ま》いていた生活について語っています。「ぼくは、毎朝八時に仲介人《ちゅうかいにん》の家に行き、お昼の一時まで働いていた。食事の時間は一時間だけで、それから夜の九時まで、監督《かんとく》が仕事を見張《みは》っている。夜になるころには、手ははれ上がり、鼻はタバコのにおいでひりひりしてくる。それに、いつもせきをしていた」

◆銀細工職人《しょくにん》

「とても小さな銀のピースを、小さな穴《あな》に正確《せいかく》にはめ込《こ》まなくてはいけないんだ。ぼくたちは自転車のスポークのような細い金属《きんぞく》の棒《ぼう》を使って仕事をしていた。ときどき、雇《やと》い主《ぬし》は、ぼくがちゃんと仕事をしていないと言って、熱した金属《きんぞく》の棒《ぼう》で打った。棒《ぼう》で腕《うで》を打つんだよ。

セルヴァクマル、十二歳《じゅうにさい》」

インドの少年セルヴァクマルは、八歳《はっさい》のときに、銀細工職人《しょくにん》として働きはじめました。両親は、「ちゃんと勉強しないから」という理由で、彼《かれ》を三千ルピー（約一万一千円）で売ったのです。セルヴァクマルは、小さな銀の花と金具をイヤリングにはんだづけする仕事を教え込《こ》まれました。

自由の身になり、ストリート・チルドレン＊1を保護《ほご》する施設《しせつ》で暮《く》らしていたセル

＊1　路上で寝泊《ねと》まりをして、靴磨《くつみが》き、物ごい、ゴミ拾いなどの仕事をしたりする子ども。

ヴァクマルは、人権保護団体《じんけんほごだんたい》の監視員《かんしいん》に、債務奴隷《さいむどれい》だったときの暮《く》らしぶりについて話しました。働き始めてから三年後、セルヴァクマルは工場から逃《に》げ出《だ》しました。でも、兄に連れもどされてしまいました。二度目に逃《に》げたときは、ストリート・チルドレンを保護《ほご》する施設《しせつ》に行きました。雇《やと》い主《ぬし》が彼《かれ》を見つけましたが、施設《しせつ》の責任者《せきにんしゃ》はセルヴァクマルを引《ひ》き渡《わた》そうとはしませんでした。すると、セルヴァクマルの母親が施設《しせつ》にやってきて、身柄《みがら》を引き取り、工場に送り返してしまったのです。三度目に逃《に》げたときには、彼《かれ》は両親の元に帰るのを拒《こば》みました。

人権保護団体《じんけんほごだんたい》の監視員《かんしいん》はまた、別の十二歳《じゅうにさい》の少年マノジャンにもインタビューしました。レポートによると、マノジャンはブレスレットやネックレスの飾《かざ》りを小さな銀の鎖《くさり》の輪《わ》に溶接《ようせつ》＊2する仕事をしていました。防護《ぼうご》マスクも与《あた》えられずに、溶接用《ようせつよう》のブローランプ＊3の炎《ほのお》や細かい金属《きんぞく》の部品を見つめながら仕事をするので、たえず目から涙《なみだ》を流していたそうです。一日のかせぎは十ルピー（約三十七円）でした。

マノジャンは監視員《かんしいん》にある歌を歌って聞かせました。その歌は、彼《かれ》がインタビ

＊2　金属《きんぞく》のつなぎ合わせたい部分を熱して溶《と》かし、つないで一つにすること。

＊3　管《くだ》の先から炎《ほのお》が出る器具。金《きん》属《ぞく》をつなぎ合わせるときなどに使う。

ユーを受けている教育センターでおぼえたものです。

ぼくの母さんは泣いている、
ぼくが六歳《ろくさい》で銀細工工場で働かなければならないから。
ぼくが学校に行くと、先生は冷たく言う。
「おまえはここで勉強できない！　家へ帰れ」と。
いまのぼくは、目が見えない人のようだ。
ぼくが工場で働かなければいけないのは、ぼくたちが貧乏《びんぼう》だから。
でも、ぼくたちはこの先もずっと貧乏《びんぼう》だろう。
毎日の生活費を得るために、ぼくは工場で働かなければならない。
でも、お金をかせぐどころか、ぼくは大きな借金を背負《せお》っている。
そして、この借金はぼくをむしばんでいる。

アシク、スマシ、ヴェラユルハン、そしてセルヴァクマルは、奴隷《どれい》として使われている多くの子どもたちを代表して、人権保護団体《じんけんほごだんたい》の調査員《ちょうさいん》に現代《げんだい》の子ども奴《ど》隷《れい》の実態《じったい》について直接《ちょくせつ》、語ってくれました。子どもを酷使《こくし》し搾取《さくしゅ》する債務《さいむ》労働のことが世に知られるようになったころ、ジャーナリストのジョナサン・シルヴァーズは、パキスタン労働省の顧問《こもん》シャッビール・ジャマールに、「どうしてあなた方の政府《せいふ》は児童の債務《さいむ》労働を許《ゆる》しているのですか？」と質問《しつもん》したことがありました。すると、ジャマールはこう答えました。「西洋人は自分たちのこれまでの恥《は》ずべき歴史を棚《たな》に上げています。ヨーロッパの人々は、自分たちがすでに裕福《ゆうふく》になったから、奴隷《どれい》労働や児童労働のことをとやかく言いますが、パキスタンはようやく経済《けいざい》が安定してきたばかりなのです。さまざまな事がらに目を向け、社会問題に取り組むのもこれからなのです」

ジャマールは、かつて二十世紀のある時期まで、アメリカやイギリスでも、工場や鉱山《こうざん》、あるいは農場で、たくさんの貧《まず》しい（その多くは移民《いみん》の）子どもたちが働いていたことに触《ふ》れています。そうした子どもたちが経験《けいけん》したことは、イクバルのような現代《げんだい》の子ども奴隷《どれい》たちの経験《けいけん》したこととときわめて似《に》ています。

児童労働は、アメリカの歴史においても存在《そんざい》したのですが、今はもう子どもたちを労働者として雇《やと》う必要はありません（もっとも今でも、少数民族の人々、移《い》民《みん》、季節労働者の子どもの中には、法律《ほうりつ》が定める最低賃金《ちんぎん》よりも安い賃金《ちんぎん》で、長時間働いている子どもたちがいますが）。豊《ゆた》かな先進国で心地《ここち》よく暮《く》らしている人々が、貧《まず》しい発展途上国《はってんとじょうこく》の労働状況《じょうきょう》を非難《ひなん》するのは、はたして公平で正しいことでしょうか？　過《あやま》ちを犯《おか》したことがある人に、他人の過《あやま》ちを一方的に責《せ》める資格《しかく》があるでしょうか？

◆児童労働をさせる人々のまちがった考え

◎子どもたちは、早いうちから仕事の訓練《くんれん》をはじめなければいけない。その時期を逃《のが》すと、永久《えいきゅう》に技術《ぎじゅつ》を身につけることができない。

◎子どもたちは、家庭環境《かんきょう》や社会階層《かいそう》にふさわしい職業《しょくぎょう》の訓練《くんれん》を受けなければならない。

◎子どもたちは手先が器用なので、細かい作業に向いている。

◎子どもを働かせることは、家族にとって自然で、必要なことである。

第四章　紡績《ぼうせき》工場——アメリカにおける児童労働の歴史——

「わたしは農場と家畜《かちく》を売って、借金を返しました。そして家族とともに紡績《ぼうせき》工場で働くようになりました……現在《げんざい》、まだ十《じゅう》四歳《よんさい》の末の娘《むすめ》は、週に六ドルかせぎ、他の二人の娘《むすめ》もそれぞれ週に七ドル五十セントかせぎ、二人の息子《むすこ》は週に八ドル、わたしは四ドル五十セントかせいでいます。

アメリカ・ノースカロライナ州の紡績《ぼうせき》工場の工場主が配《はい》布《ふ》したちらし（一九〇七年）から」

フレデリック・K・ブラウンという人は、一八九〇年代にアメリカの紡績《ぼうせき》工場で働いていた自分の少年時代について、次のように書きあらわしています。

▼

外は冬だった。週に五日間、わたしは太陽の光を浴びることができなかった。まだ星が出ている暗いうちに出かけ、星空の下を家に帰るわたしは、まるで人間モグラだった……。外の世界では、日が昇《のぼ》り、日が沈《しず》んでいた。わたしが働いている日も、太陽は昇《のぼ》って沈《しず》んでゆくのに、わたしはまるで墓《はか》の中にいるかのように、一歩も工場の外に出ることがないのだった。

ミュール室と呼《よ》ばれる紡績《ぼうせき》工場の内部は、二十九度から三十二度の気温に保《たも》たれていた。堅《かた》い木の床《ゆか》は素足《すあし》には熱いほどだった。わたしは、あえぐように息をし、ハアハアとせわしく肺《はい》に空気を送《おく》り込《こ》まなければならなかった。顔はたえず炎《ほのお》につつまれているようだ。噛《か》み*1タバコをやる工員がつばを吐《は》き散《ち》らすので、床《ゆか》はほとんど足の踏《ふ》み場《ば》もない。ミュールと呼《よ》ばれる紡績機《ぼうせきき》の裏側《うらがわ》では熱い機械油がしたたり、それがときどきわたしの頭の上に落ち、作業着や足に黄色い染《し》みを作った。あまりの暑さにわたしの体からは、巨人《きょじん》の指で絞《しぼ》られるスポンジのように、汗《あせ》がどっとふき出し、しまいには溶《と》けてしまうんじゃないかと思えるほどだった。窓《まど》を開けることはかたく禁《きん》じられていた。綿《わた》の繊維《せんい》は少しでも風に当たるとだめになってしまうからだ（なんと

---

*1　噛《か》んで味わうタバコ。押《お》し固《かた》めたタバコの葉に香《かお》りや味が加えられている。

敏感《びんかん》なことだろう!)。機械が動いているあいだ、工場の中には目に見えないくらい細かな綿《わた》ぼこりがもうもうと舞《ま》っていて、それが、床《ゆか》や機械や工員たちの上に冬の雪のように降《ふ》りそそぐのだった。それを、わたしは一日に十時間半、鼻から吸《す》い込《こ》み続けた。綿《わた》ぼこりは、また、髪《かみ》の毛《け》のあいだに入《はい》り込《こ》み、のどの中にも入った。ほこりには、考えられうるありとあらゆる細かなごみが混《ま》じっていた。もちろん、それは肺《はい》にはよくなかった。

人間にとって、機械を相手に戦うことほどつらく耐《た》えがたい苦しみはない。機械はけっして疲《つか》れない、腹《はら》もすかせない、痛《いた》みを感じる心も持っていない。眠《ねむ》ることもなければ、情《なさ》けを求める声に耳を貸《か》すこともない。機械は、まるで運命をつかさどる神のようだ。いや、運命の神そのものだ。ガチャン、ガチャン、ガチャン、ガチャン……機械は音を立てながら、休まず情《なさ》け容赦《ようしゃ》なく、きまった時間、きめられたように動き続ける。ほんのわずか、足を速めることもゆるめることもない。いったん動き出せば、終わりが来るまで、ひたすら動き続けるのだ。わたしがむなしく戦いを挑《いど》んでいた機械は、そういう相手だった。機械はいつも次の仕事を待っていた。たとえ、わたしが全力を出し切って仕事を終えても、その先にはたえず仕事が、一ダースもの仕事が待っているのだった。自分の仕事を終えても、わたしはけっして晴れ晴れとした気持ちになることはなかった。勝つのはいつも機械だった。

この文章をあらわしたブラウンは、一八八二年にイギリス北部に生まれ、十一歳《じゅういっさい》のときに、おじの家族とともにアメリカ・マサチューセッツ州のニュー・ベッドフォードに移《うつ》り住《す》みました。十三歳《じゅうさんさい》のとき、彼《かれ》は紡績《ぼうせき》工場で働きはじめ、糸をつむぐ危険《きけん》な機械を管理する仕事をしていました。

アメリカやヨーロッパの貧《まず》しい家の子どもたちは、週に六日間、何十時間も働いていました。彼《かれ》らは学校に通わず、遊ぶ時間もほとんどありませんでした。そのかわりに、綿《わた》ぼこりの舞《ま》う紡績《ぼうせき》工場や、暗く危険《きけん》な炭鉱《たんこう》で働いたり、果樹園《かじゅえん》や農地で長く疲《つか》れる労働をしたりしていたのです。

アメリカでは、ジェーン・アダムズ、ジェイコブ・リース、サミュエル・ゴン

▲紡績《ぼうせき》工場で働く子どもたちを写したルイス・ハインの有名な写真。

◀ルイス・ハインが撮影《さつえい》した紡績《ぼうせき》工場で働く少女。
（上下写真提供：ルイス・ハイン／アメリカ児童労働委員会）

パーズ、写真家のルイス・ハインといった活動家たちが、児童労働に対する国の態度《たいど》を変えさせるのに何十年もかかりました。彼《かれ》らは、しんぼう強く献身的《けんしんてき》な努力を重ねて、働く貧《まず》しい子どもたちの生活ぶりを世間の人々に知らせました。そして、ついに、世論《よろん》はアメリカ政府《せいふ》を動かし、子どもたちを守る強力な労働法が作られたのです。労働者たちの中には自ら声を上げて、労働者の置かれた状況《じょうきょう》を世の中に訴《うった》える者もいました。その例を次に見てみましょう。

◆工場で働く少女たち

一八四〇年代のアメリカでは、たくさんの若《わか》い農家の娘《むすめ》たちが、家族が暮《く》らす農場をはなれて働きに出ました。農場で、同じような立場の娘《むすめ》たちと交わることもなく厳《きび》しい生活を送っていた彼女《かのじょ》たちの多くは、マサチューセッツ州のローウエルに行き、綿《わた》から布《ぬの》を作る工場で働きました。ネパール*1のカトマンズでじゅうたんを織《お》っていたガウリ・マヤ・タミングと同じように、家族とはなれて働きながら暮《く》らしたのです。彼女《かのじょ》たちは厳《きび》しい労働環境《かんきょう》の下で、一日に十三時間も働

*1 8・47ページを見よう。

いていたにもかかわらず、きわめて低い賃金《ちんぎん》しかもらえませんでした。そのうえ、下宿では一部屋《へや》に六人で暮《く》らしていました。そうした少女たちの一人、ルーシー・ラーカム（一八二四―九三）は、後に教師《きょうし》、そして詩人となるまで、ローウェルの織物《おりもの》工場で働いていました。彼女《かのじょ》は次のように語っています。「わたしは、十二歳《じゅうにさい》か十三歳《じゅうさんさい》の女の子にしては、かなり真剣《しんけん》に人生について考えていました。『わたしは何のためにここにいるんだろう？　わたしはどんな人間になれるのだろう？　ほかの子たちと同じように、ただ、今のような生活を続けていくしかないのだろうか？　いや、それではいけない』と、わたしは考えていました。なぜなら、わたしの中には、もう一人の自分がいて、いつもわたしよりも先に独《どく》自《じ》の計画や夢《ゆめ》を描《えが》いて、それをかなえるために動こうとしていたからです。そして、そのもう一人の自分は、ふつうの人々が考えていることにはまったく無関心だったのです」

農場では支《ささ》え合《あ》う仲間がいなかった少女たちは、身をすり減《へ》らすようなつらい工場の仕事をしながらも、他の娘《むすめ》たちと出会う機会を得ました。彼女《かのじょ》たちは助け合い、読み書きを教え合いました。そして、過酷《かこく》な職場《しょくば》でよりよい労働条件《じょうけん》を勝ち取るために団結《だんけつ》するようになったのです。

それから一世紀以上が過《す》ぎた今日《こんにち》、この世界の別の場所で、人々はよりよい労働条件《じょうけん》を勝ち取るために力を合わせています。ローウェルで働いていた娘《むすめ》たちと同じように、厳《きび》しくつらい労働についている若《わか》い人々は、その状況《じょうきょう》を変えようと力強い声をあげるようになったのです。

第五章　野火のように

「われわれがまず取り組まなければならないのは、労働者たちに、生まれながらにもっている権利《けんり》を与《あた》えることです。そして次に、彼《かれ》らの子どもたちを教育することです。
イーシャーン・ウラー・カーン」

イクバルが生まれるより前の一九六七年、大学でジャーナリズムを学ぶ一人の若者《わかもの》が、パキスタンの古都ラホール[*1]の美しい並木道《なみきみち》を歩いていました。そのとき彼《かれ》はふと、歩道に座《すわ》りこんでいる老人に目をとめました。老人はどうやら目が見えないようです。道路を横断《おうだん》するのに助けが必要だろうと思った学生が近づいてみると、老人は泣いていました。

「どうしたんですか？」と学生はたずねました。

ババ・クッランという名のその老人は、自分はレンガ工場で働く債務《さいむ》労働者だ

＊1　8・61ページを見よう。

と言いました。聞けば、彼《かれ》と、十一歳《じゅういっさい》と十三歳《じゅうさんさい》の二人の娘《むすめ》は、レンガ工場の持ち主とその仲介人《ちゅうかいにん》によって売り飛ばされ、娘《むすめ》たちは新しい工場主とその仲介人《ちゅうかいにん》に性《せい》的暴行《てきぼうこう》を受けたというのです。老人は「死んでしまいたい」と訴《うった》えました。

この偶然《ぐうぜん》の出会いが、ジャーナリストを志《こころざ》す若《わか》い学生の人生を変えることになりました。それはまた、ババ・クッランとその家族、そしてパキスタンの債務《さいむ》労働者たちの未来にとっても、大きな変わり目となったのです。

学生はすぐさま行動に出ました。老人からくわしい情報《じょうほう》を得ると、友だちを集め、みんなで警察《けいさつ》に行き、しかるべき対応《たいおう》を求めたのです。若者《わかもの》たちは、土地ももたずに債務《さいむ》をかかえてあえいでいるような貧《まず》しい人々ではなく、中流家庭の学生だったので、警察《けいさつ》は彼《かれ》らの訴《うった》えをまじめに取り上げました。その結果、二人の娘《むすめ》は家族のもとへ帰され、そのすばらしいニュースは、野火のように、またたく間に労働者たちの口から口へと伝わっていきました。

労働者たちはその学生を捜《さが》し始《はじ》めました。そして、彼《かれ》に自分たちの苦しみを次々と訴《うった》えたのです。学生はまもなく、大学で勉強を続けるか、苦しむ人々を助けることに人生を捧《ささ》げるか、選択《せんたく》を迫《せま》られました。家族の理解《りかい》と励《はげ》ましのもとに、その学生、イーシャーン・ウラー・カーンは、人々を助ける道を選んだのでした。

カーンがまず行ったことの一つは、「レンガ焼き労働者戦線」という組織《そしき》を立ち上げることでした。これは、後にイクバルを解放《かいほう》する「債務《さいむ》労働解放戦線《ろうどうかいほうせんせん》（BLLF）」のもとになる組織《そしき》です。

カーンには、この仕事が危険《きけん》なものであることがわかっていました。自分の家族に迷惑《めいわく》がかかることを心配したカーンは、住みなれた家を出て、水道も電気もない小さな部屋《へや》に移《うつ》りました。この部屋《へや》はまた、新しい組織《そしき》の事務所《じむしょ》としても使われました。彼《かれ》は駆《か》け出《だ》しのジャーナリストとして働いて得た収入《しゅうにゅう》で、組織《そしき》の活動を支《ささ》えました。

一九八〇年代までにカーンは、労働者を救う活動が法に触《ふ》れるとして、すでに十二回も投獄《とうごく》されていました。彼《かれ》は、六か月間もの間、ラホール砦《とりで》にある悪名高い刑務所《けいむしょ》の独房《どくぼう》で過《す》ごしました。「あの刑務所《けいむしょ》での暮《く》らしぶりは口では言い表せません。でも、パキスタンで人権《じんけん》のために戦うことは、常《つね》に危険《きけん》と隣《とな》りあわせなのです。刑務所《けいむしょ》に入れられたり、ひどい目にあわせられたりすることは、この活動を始めるときからわかっていました」とカーンは語っています。

困難《こんなん》にもめげず、カーンは債務《さいむ》労働者の雇《やと》い主《ぬし》や、彼《かれ》らに賄賂《わいろ》で買収《ばいしゅう》された役人たちと闘《たたか》う活動を精力的《せいりょくてき》に続けました。カーンは、いつも陽気な口調で、「あいつらに隠《かく》れる場はないんだ」と言っていました。

でも、現実《げんじつ》には、雇《やと》い主《ぬし》たちには隠《かく》れる必要などありませんでした。というのも、世間が無関心だったため、彼《かれ》らは安心してビジネスを続けられたからです。工場主たちにとって、カーンはうっとうしくても無害でちっぽけなハエのようなものでした。そのうち消えていなくなるだろう、と彼《かれ》らは考えていたのです。

しかし、カーンの組織《そしき》は消えてなくなったりはしませんでした。一九八八年、「レンガ焼き労働者戦線」は、対象を他の債務《さいむ》労働にまで広げ、その名前を「債《さい》務《む》労働解放戦線《ろうどうかいほうせんせん》（ＢＬＬＦ）」と変えました。救うべき労働者とそうでない労働者を線引きして区別するわけにはいかなかったからです。それに、やるべき仕事は山ほどあるのに、組織《そしき》は小さく、活動資金《しきん》もほんの少ししかないことを考えれば、過酷《かこく》な債務労働《ペーシュギー》の制度そのものを廃止《はいし》させることに力をそそぐのが一番効果《こうか》的《てき》だ、という結論《けつろん》に達したのです。

ＢＬＬＦができたのと同じ年に、レンガ工場で働く債務《さいむ》労働者の家族らが不当に逮捕《たいほ》されるということがありました。逮捕《たいほ》された労働者たちの一人は、パキスタンの最高裁判所《さいばんしょ》に電報《でんぽう》を送って、自分たちが置かれている状況《じょうきょう》について何とか知らせることができました。その努力が実を結び、事件の再審理《さいしんり》に入った最高裁《さい》判所《ばんしょ》は、レンガ焼き職人《しょくにん》たちは過酷《かこく》で、法に反した搾取《さくしゅ》を受けており、工場主、警察《けいさつ》、地方裁判所《さいばんしょ》はいっしょになって彼《かれ》らの人権《じんけん》を奪《うば》っているという判断《はんだん》を下し、家族は釈放《しゃくほう》されました。

ところが、レンガ工場の持ち主は顔のきく人物で、カーンたちによれば、「政《せい》府《ふ》内に有力なコネをもっていた」のでした。労働者の家族が裁判所《さいばんしょ》を出てまもなく、警察《けいさつ》は彼《かれ》らをとらえました。そして工場主の味方をする警察《けいさつ》は労働者の家族を殴《なぐ》りつけ、痛《いた》めつけたのです。

その数日後、最高裁判所《さいばんしょ》は、債務《さいむ》労働は労働者の権利《けんり》を保障《ほしょう》しているパキスタ

▲ パキスタンの債務労働解放戦線《さいむろうどうかいほうせんせん》（BLLF）を創設《そうせつ》したイーシャーン・ウラー・カーン。（写真提供：ベン・バクストン／国際反奴隷制協会）

ンの憲法《けんぽう》に違反《いはん》しているという判決《はんけつ》を出しました。裁判所《さいばんしょ》は、債務労働《ペーシュギー》の制度の廃止《はいし》を宣言《せんげん》し、労働者たちに自由に仕事を選べる権利《けんり》を保障《ほしょう》したのです。

けれども、債務《さいむ》による奴隷《どれい》労働を終わらせるためには、この最高裁《さいこうさい》の判決《はんけつ》だけでは十分ではありませんでした。肝心《かんじん》なことがまだそのままになっていました。つまり、判決《はんけつ》は、未払《みはら》いの債務《さいむ》を帳消しにするものではなかったのです。それは、貧《まず》しい家族が引き続き子どもに厳《きび》しくつらい労働をさせて債務《さいむ》を払《はら》い続《つづ》けなければならない、ということを意味していました。もし、子どもたちが大人になるまでに債務《さいむ》の支《し》払《はら》いが終わらなければ、その子の子どもや、ひょっとすると、そのまた子どもまでもが、雇《やと》い主《ぬし》に対して債務《さいむ》を負い続けることになるのです。

南アジアのほかの国々でも、債務《さいむ》労働者は同じ問題に直面していました。南アジア最大の人口を抱《かか》えるインド*1では、もっと多くの子どもたちが債務《さいむ》労働についています。そして、インドでも、子どもたちのために戦う人権保護団体《じんけんほごだんたい》がありました。

*1　インドの人口は十二億一千万人（二〇一一年現《げん》在《ざい》）で、中国についで世界第二位。8ページに地図がある。

◆インドの債務《さいむ》解放戦線《かいほうせんせん》（BLF）

*2ヒンドゥー教の僧《そう》スワミ・アグニヴェシュは、法律《ほうりつ》と経済《けいざい》を教える大学講師《こうし》で、政府《せいふ》の要職《ようしょく》にもついていました。しかし、あるとき平穏《へいおん》にデモ行進を行っている労働者たちに向かって警察《けいさつ》が発砲《はっぽう》するのを目撃《もくげき》したことをきっかけに、自らの地位をなげうって、インドの労働者たちのために生涯《しょうがい》を捧《ささ》げる決意をしました。

一九八一年、スワミは、インドで「債務解放戦線《さいむかいほうせんせん》*3（BLF）」を結成しました。その三年後の一九八四年、BLFは、*4ビハール州のある村で、三十二人の子どもたちが誘拐《ゆうかい》されたという情報《じょうほう》を得ました。子どもたちは、一日十八時間から二十時間もじゅうたん織《お》りの仕事をさせられていました。そのうえ、体には焼印を押《お》され、ミスをするとひどい目にあわされていました。

BLFはこの事件《じけん》を取り上げ、インドの最高裁判所《さいばんしょ》に請願書《せいがんしょ》を提出《ていしゅつ》しました。裁判所《さいばんしょ》は州の行政《ぎょうせい》機関に子どもたちを助け出すよう命じるとともに、調査官《ちょうさかん》を任《にん》命《めい》し、小さな村々の状況《じょうきょう》を調査《ちょうさ》させ、その結果、千人を超《こ》える子どもたちが救出されました。

---

*2　古代インドのバラモン教がもとになってできた宗教《しゅうきょう》で、インド国民の大多数が信《しん》仰《こう》する。

*3　名前と目的は似《に》ているが、パキスタンのBLLFとは別の組織《そしき》である。

*4　8ページの地図を見よう。

スワミには、奴隷《どれい》労働から解放《かいほう》されただけでは、子どもたちは自由になれないことがわかっていました。奴隷《どれい》労働をしていた子どもたちに教育を受けさせてやらなければ、本当の意味で自由になったとは言えないと考えていたのです。インドでは、すべての子どもが学校に通わなければならないと、法律《ほうりつ》で定められています。しかし、教育にはお金がかかるし、地方の小さな村に赴任《ふにん》してくれる質《しつ》のよい教師《きょうし》を見つけるのはかんたんではありません。そこでBLFは、解放《かいほう》された子どもたちから「奴隷症候群《どれいしょうこうぐん》」、つまり、自分が取るに足らない存在《そんざい》だという考え方や、自分より上に立つ者を恐《おそ》れる気持ちをぬぐい去り、教育と職業訓練《しょくぎょうくんれん》を受けられるセンター、ムキイ・アシュラムを作りました。

まもなく、各国の人権保護《じんけんほご》団体《だんたい》は、世界の人々にこの問題をもっとよく理解《りかい》してもらわなければならないと考えるようになりました。この、時間も費用もかかる目的をなしとげるために、彼《かれ》らは力を合わせる必要がありました。

南アジアで力を合わせて活動することはかんたんではありません。パキスタン*1が、インドの北東および北西部から分離《ぶんり》した一九四七年以降《いこう》、二つの国は対立し

---

*1　一般《いっぱん》にパキスタンではイスラム教、インドではヒンドゥー教が信《しん》仰《こう》されており、宗《しゅう》教《きょう》の違《ちが》いが二国対立の原因《げんいん》の一つとなった。また、言語の違《ちが》いや政治《せいじ》の主導権《しゅどうけん》をめぐる対立から、バングラデシュはパキスタンから独立《どくりつ》した。

ていましたし、一九七一年には、血なまぐさい内戦の末に、東パキスタンがパキスタンから独立《どくりつ》し、バングラデシュという国になっていました。

そんな複雑《ふくざつ》な状況《じょうきょう》のもとでも、児童債務《さいむ》労働をやめさせようとするなら、各国の人権保護《じんけんほご》団体《だんたい》は何とかして力を合わせてゆかなければなりませんでした。

◆南アジア子ども奴隷解放連盟《どれいかいほうれんめい》（SACCS）

一九八九年、インドの債務《さいむ》労働《ろうどう》戦線《せんせん》の事務《じむ》局長だったカイラシュ・サティアルティは、南アジアの非政府《ひせいふ》人権保護《じんけんほご》団体《だんたい》＊2を集めた会議《かいぎ》を、インドのニューデリー＊3で開きました。会議には、国際人権保護《こくさいじんけんほご》団体《だんたい》のオブザーバー＊4、法律家《ほうりつか》、裁判官《さいばんかん》、ジャーナリスト、それに、さまざまな債務《さいむ》労働の仕事についている二十二人の子どもたちも招《まね》かれました。

そのうちの二人は、パキスタンのラホールのレンガ工場で働く子どもでした。インドのミルザプール＊5の「じゅうたん地帯」と呼《よ》ばれる地域《ちいき》から来た子どももいました。マッチ箱工場からやってきた子どももいました。地域《ちいき》の人権保護《じんけんほご》団体《だんたい》の

＊2　人権《じんけん》の保護《ほご》を目的として活動する民間団体《だんたい》。

＊3　インドの首都。官庁《かんちょう》や連邦《れんぽう》議会議事堂などがある。8ページの地図を見よう。

＊4　会議などで、議決権《ぎけつけん》はないが立会人として参加する人。

＊5　8ページの地図を見よう。

活動家たちに付きそわれた彼《かれ》らは、この会議に出席するために、それぞれ知恵《ちえ》を絞《しぼ》って仕事を休むうまい方法を見つけ出していました。たとえば、仮病《けびょう》を使った子もいれば、親戚《しんせき》を訪《たず》ねるためだと言って来た子もいました。お兄さんに工場での仕事を代わってもらった子もいました。

大人たちは子どもたちを励《はげ》まし、「債務《さいむ》労働者としてのきみたちの生活はどんなものか、みんなに話してごらん」と言いました。

ところが、どの子も口を開こう

▲南アジア子ども奴隷解放連盟《どれいかいほうれんめい》（SACCS）の会議に出席するスワミ・アグニヴェシュ（左）とイーシャーン・ウラー・カーン（右）。

（写真提供：ファラッド・カリーム）

とはしません。

そこで大人たちは、もっと具体的な質問《しつもん》をしてみました。「何時間働いている
の？」

子どもたちは、それでもしゃべろうとはしません。

「殴《なぐ》られたりした？」

やはり、答えはなし。

子どもたちはどうしてもしゃべろうとはしないのです。でも、それも無理はあ
りません。なにしろ、日ごろ子どもたちは、しゃべれば罰《ばっ》せられたり殴《なぐ》られたり
してきたのですから。しかも今は、ほかの子どもたちがいるし、テープレコーダ
ーやカメラを向けられ、次から次へと立て続けに質問《しつもん》を投げかけてくる大勢《おおぜい》の大
人たちを前にしているのです。

そのうちに、大人たちも、あせって質問《しつもん》してもだめだと気づき、子どもたちがそ
の場に慣《な》れるまで待つことにしました。そして、ようやく子どもたちは話しだし
ました。いったん安心すると、子どもたちは堰《せき》を切ったように話し始めたのです。

ぼくがはいはいし始めたころから、お母さんはぼくをレンガ作りの作業場に連れて行っていたんだ。そこで、ぼくは粘土《ねんど》で遊んでいた。粘土《ねんど》を食べたこともあるよ。ぼくはレンガ工場で生まれたようなもので、粘土《ねんど》に囲まれて育ったんだもの。やがてぼくも、お父さんやお母さんのように、その粘土《ねんど》を使って働くようになって、レンガ職人《しょくにん》になったんだ。

パキスタン、ファイサラバードのマンガ・マシー*

わたしは十一歳《じゅういっさい》。ヴェッルール県アマトゥールにあるマッチと花火を作る工場で働いているの。一日十時間働き、六ルピー（約十九円）の賃金《ちんぎん》をもらっているわ。いつもせきが出るし、目の病気をかかえていてつらい。わたしが働かなければならないのは、家が貧《まず》しいからなの。学校に通って勉強したい。

インド、シータ・ラクシュミ

＊　イクバルとは無関係。

ぼくの名前はバレカ。年は十歳《じっさい》。一九八四年からファリダバードの石切り場で働いていた。そこでは一日十六時間働いていたのに、お金はもらえなかった。翌年《よくとし》、ラトゥールの作業場に移《うつ》されて、一九八七年までそこで働いて、こんどはケマジ・シェスという人に売《う》り渡《わた》された。それから、シェスはぼくをカテジャヴァルゴに移《うつ》したんだ。でも、まだお金はぜんぜんもらえない。いっしょに働いている大人の中にはぼくを助けてくれる人もいるし、今は家族といっしょに暮《く》らしている。

インド、ファリダバードのバレカ

子どもたちと大人のあいだに生まれた連帯感は、地域《ちいき》の人権《じんけん》活動家たちに新しい希望をもたらしました。それは、おそらく、力を合わせれば、債務《さいむ》労働をなくすことができるだろうという思いに基《もと》づいていました。

彼《かれ》らは共に戦うための新しい組織《そしき》、「南アジア子ども奴隷解放連盟《どれいかいほうれんめい》（ＳＡＣＣＳ）」を作りました。これに、イーシャーン・ウラー・カーンの債務労働解放戦《さいむろうどうかいほうせん》線《せん》やスワミ・アグニヴェシュの債務解放戦線《さいむかいほうせんせん》など、五十五の団体《だんたい》が参加しました。

SACCSは、より大きく力のある国際的《こくさいてき》な労働・人権団体《じんけんだんたい》と協力体制《たいせい》を作りました。彼《かれ》らは、力を合わせて、消費者に児童の債務《さいむ》労働について知ってもらう方法を考えました。またSACCSは、南アジアで作られたじゅうたんやその他の商品の輸出《ゆしゅつ》自体に反対するのではなく、不当に働かされる子どもたちの手で作られた商品の輸出《ゆしゅつ》に反対しているのだという立場をはっきりさせました。国際的《こくさいてき》な新聞やメディアに向けて記者会見を開き、夜のニュース番組は「子ども奴隷《どれい》」の実態《じったい》を伝え、児童債務《さいむ》労働の問題は大きなニュースになりました。

時を同じくして、一九八九年には、国連総会《そうかい》が、世界の子どもたちを守るための重要な決議の採択《さいたく》に向けて動き出していました。それは「子どもの権利条約《けんりじょうやく》」[*1]と呼《よ》ばれました。

一九九〇年、条約《じょうやく》は、ネパールやバングラデシュなどを含《ふく》む五十七か国によって採択《さいたく》されました。インドとパキスタンは遅《おく》れてこの条約《じょうやく》に署名《しょめい》しました。

＊1　100ページのコラムを見よう。

これらの事がらが進行しているあいだ、パキスタンでは、クーデター*2で政権《せいけん》を倒《たお》し自ら大統領《だいとうりょう》になったジア・ウル・ハク将軍《しょうぐん》が、自由で民主的な選挙を行うよう要求していました。ところが、それからまもなく、将軍《しょうぐん》は原因《げんいん》不明の飛行機事《じ》故《こ》で亡《な》くなりました。選挙は計画通り行われ、パキスタン人民党《じんみんとう》のリーダーで、欧米《おうべい》で教育を受けたベーナズィール・ブットー女史が勝利を収《おさ》め、首相になりました。*3ブットー首相は改革《かいかく》を約束し、労働者の権利《けんり》を改善《かいぜん》し、パキスタンの人々に民主主義をもたらすことを支持《しじ》者に約束しました。

しかし、それでも債務《さいむ》労働はなくなりませんでした。

◆変化と停滞《ていたい》

新しい法律《ほうりつ》と、マスコミの協力という力を得た南アジア子ども奴隷解放連盟《どれいかいほうれんめい》は、工場を監視《かんし》するよう、それぞれの国の政府《せいふ》に働きかけました。そして、経営者《けいえいしゃ》が、工場で働く労働者の扱《あつか》いについて定めた法律《ほうりつ》を守ることを求めました。都市部にある大きな工場の活動を監視《かんし》するのはわりあいかんたんでしたが、地方の町や村

---

*2　武力《ぶりょく》行使などの非常手段《ひじょうしゅだん》に訴《うった》えて政権《せいけん》を奪《うば》うこと。

*3　一九八八年、イスラム世界で女性《じょせい》として初めて首相の座《ざ》につく。その後解任《かいにん》や再選《さいせん》をへて、一九九九年には有罪判決《ゆうざいはんけつ》を受け亡命《ぼうめい》。二〇〇七年、政権復帰《せいけんふっき》をめざして遊説中《ゆうぜいちゅう》に暗殺される。

にある工場を監視《かんし》するのは、ずっと困難《こんなん》でした。

地方では、じゅうたん織《お》りの作業場は、ほこりっぽい中庭だとか、一部屋《ひとへや》しかない掘《ほ》っ立《た》て小屋のなかだとか、人目につかないような場所ならどこにでもありました。

六年間じゅうたんを織《お》っていた十六歳《じゅうろくさい》のラクスミは、こう証言《しょうげん》しています。

「この仕事は、お金がもらえるという点ではいいのですが、毎日ずっと座《すわ》ったままだから、背中《せなか》や足が痛《いた》みます。細かい毛糸のくずが口に入ると、肺《はい》を痛《いた》めて、病気になるんです。指も皮がむけて、いつもひりひり痛《いた》みます」

田舎《いなか》の村では、工場は地元の役所の監督《かんとく》や政治家《せいじか》の影響《えいきょう》のもとに置かれています。そして、じゅうたん工場の持ち主と政治家《せいじか》と警察《けいさつ》は見えないところでぐるになっており、警察官《けいさつかん》や政治家《せいじか》の多くは賄賂《わいろ》を給料の一部のように考えています。要するに、不正がまかり通っているのです。そうした場合、企業《きぎょう》の経営者《けいえいしゃ》やその仲介人《ちゅうかいにん》が児童に債務《さいむ》労働をさせているところが見つかっても、逮捕《たいほ》されることはありませんし、債務《さいむ》労働者が正義《せいぎ》を求めても、警察《けいさつ》が報告書《ほうこくしょ》を作成することなどめったにないのです。そして、報告書《ほうこくしょ》がなければ罪《つみ》をさばく法的な手続きがとられることもありません。いく度も調査《ちょうさ》を重ねてきた国際人権保護団体《こくさいじんけんほごだんたい》の監視員《かんしいん》たちは、「どう見ても、債務《さいむ》労働者を守るために必要な対応《たいおう》をとろうとしない警察《けいさつ》の態度《たいど》は正当化できない」と断《だん》じています。

◆「子どもの権利条約《けんりじょうやく》」に定められていること

◎子どもたちは、十分な食べ物やきれいな飲み水が与《あた》えられ、健康を保《たも》つ権利《けんり》を持つ。
◎子どもたちは、適度《てきど》な水準《すいじゅん》の生活をする権利《けんり》を持つ。
◎子どもたちは、家族や自分たちの世話をしてくれる者と暮《く》らす権利《けんり》を持つ。
◎子どもたちは、すべての搾取《さくしゅ》や肉体的・精神的《せいしんてき》・性的《せいてき》な虐待《ぎゃくたい》から守られる権利《けんり》を持つ。
◎子どもたちは、武力紛争《ぶりょくふんそう》にさらされたときに守られる権利《けんり》を持つ。
◎子どもたちは、あらゆる形の差別から守られる権利《けんり》を持つ。
◎子どもたちは、教育や健康、あるいは発達を脅《おびや》かすような労働から守られる権利《けんり》を持つ。

◎障害《しょうがい》のある子どもたちは、特別なケアやトレーニングを受ける権利《けんり》を持つ。
◎子どもたちは、遊ぶ権利《けんり》を持つ。
◎子どもたちは、教育を受ける権利《けんり》を持つ。
◎子どもたちは、自分の生活に影響《えいきょう》を及《およ》ぼすような決定がなされる際《さい》に、自分たちの意見が考慮《こうりょ》される権利《けんり》を持つ。
◎子どもたちは、自分たちがどんな権利《けんり》を持っているか知る権利《けんり》を持つ。

第六章 ぼくたちは奴隷《どれい》労働の廃止《はいし》を要求する

「ぼくの両親はどうすることもできなかった。ぼくの家族のように貧《まず》しい人たちは無力なんだ。だから、ぼくは、家族には何も求めなかった。

イクバル・マシー」

ムリドゥケ村のように、田舎《いなか》の、孤立《こりつ》したじゅうたん工場で働く子どもたちには、法律《ほうりつ》のことや、子どもを守るために活動している人権保護団体《じんけんほごだんたい》のことを知るすべなどありませんでした。＊そのころ、イクバルは八歳《はっさい》。イクバルのたこのできた指は、じゅうたん作りに使う先の鋭《するど》い道具でできた切り傷《きず》の跡《あと》でいっぱいでした。しじゅう吸《す》い込《こ》む細かな綿《わた》ぼこりのせいで、息をするのも苦しげでした。

イクバルの父親は何年も前に家族を捨《す》てていました。母親はムリドゥケ村にとどまり、子どもたちを育てるために身を粉にして働いていました。たまに休日が

＊ イクバルは一九八二年生まれとされる。「そのころ」とは、南アジア子ども奴隷解放《どれいかいほう》連盟《れんめい》が作られたり（一九八九）、子どもの権利条約《けんりじょうやく》が採択《さいたく》されたり（一九九〇）したころをさす。

与《あた》えられると、イクバルは、貴重《きちょう》な自由時間に妹たちの面倒《めんどう》を見たり、友だちとサッカーやクリケットをして遊んだりしました。また、香港《ホンコン》のカンフー映画《えいが》を見るのは、めったにない楽しみでした。

イクバルは、監督《かんとく》が目をはなしているすきに、何度か工場から逃《に》げ出《だ》しました。一度、地元の警察署《けいさつしょ》に行って、じゅうたん工場で行われている虐待《ぎゃくたい》について話したこともありました。警察官《けいさつかん》がまじめに耳を傾《かたむ》けてくれているようなので、イクバルは、「工場で脅《おど》かされたり殴《なぐ》られたりして、ひどい扱《あつか》いを受けている」と訴《うった》えました。警察官《けいさつかん》は同情《どうじょう》するようにうなずき、イクバルはさらにくわしく説明しました。話が終わると警官《けいかん》が「いっしょに来なさい」と言うので、イクバルはパトカーの後ろの座席《ざせき》に乗《の》り込《こ》みました。しかし、パトカーが向かった先はなんと、イクバルが逃《に》げ出《だ》してきたじゅうたん工場だったのです。イクバルは監督《かんとく》に、裏《うら》の部屋《へや》、つまり恐《おそ》ろしいお仕置き部屋《べや》に入れられ、こっぴどく殴《なぐ》られました。工場主は、「二度とこんな真似《まね》をするんじゃないぞ」とイクバルを脅《おど》しました。そして、「おまえは、じゅうたん織《お》りだ。だから、一生、ここでじゅうたんを作るんだ」と言いました。逃《に》げ出《だ》すことなどできないし、働き続けるしかないというのです。

しかし、どんなに脅《おど》かされても殴《なぐ》られても、イクバルはその後、何度も工場から逃《に》げ出《だ》しました。そして、その度に見つかって、工場に連れもどされるのでした。「何度、殴《なぐ》られたかわからない」とイクバルは語っています。脱走《だっそう》した罰《ばつ》として罰金《ばっきん》を科せられ、借金の額《がく》はどんどんふくれ上がっていきました。それでも、イクバルは脱走《だっそう》を重ねました。それがことごとく失敗に終わると、織機《しょっき》に鎖《くさり》でつながれました。「何時間も同じ姿勢《しせい》で仕事をさせられて、体を動かすこともできなかったよ」とイクバルは語っています。

工場主が輸出用《ゆしゅつよう》じゅうたんの大量の注文を受けたときには、子どもたちは家に帰してもらえず、徹夜《てつや》で働かなければなりませんでした。イクバルは工場主に向かって、「契約《けいやく》では一日十二時間しか働かなくていいはずだ」と抗議《こうぎ》しました。口答えした上に、働くのを拒《こば》んだ罰《ばつ》として、イクバルは頭や背中《せなか》をたたかれました。それでも、イクバルは頑《がん》として契約外《けいやくがい》の残業を拒《こば》みました。彼《かれ》は、お仕置き部屋《べや》に連れて行かれ、足首をひもで縛《しば》られ、天井《てんじょう》から逆《さか》さづりにされました。でも、そのことは家族には話しませんでした。家族にはどうすることもできないのがわかっていたからです。

長い歴史と古くからのしきたり、そして力のある雇《やと》い主《ぬし》の前では、イクバルはほとんど無力なように思われました。家族は雇《やと》い主《ぬし》からお金を借り続けていたので、イクバルが借金を返し終えることは不可能《ふかのう》に思えました。家族が追加で借りた分は、イクバルの借金に加えられていきました。最初六百ルピー（約千六百円）だったイクバルの借金は、このときまでに一万三千ルピー（約三万四千円）にまでふくれ上がっていたのです。

一九九一年には、イーシャーン・ウラー・カーンの債務《さいむ》労働解放戦線《ろうどうかいほうせんせん》は、児童の債務《さいむ》労働に立ち向かう姿勢《しせい》について一定の評価《ひょうか》を得るようになっていました。債務《さいむ》労働から解放《かいほう》された子どもたちを教育する試みとして、カーンたちは全国に七十七の学校を作りました。それらの学校は、「アプナー・スクール（わたしたちの学校）」と呼《よ》ばれました。ここに通う子どもたちは、それまで、自分たちのものと言えるようなものは何も持っていなかったからです。また、カーンたちは、債務《さいむ》労働から解放《かいほう》された子どもたちが、彼《かれ》らが獲得《かくとく》した自由の意味を理解《りかい》できるように、「フリーダム・キャンパス（自由の学校）」と呼《よ》ばれる学校も作りました。カーンたちの学校の合言葉は、「教育を通じて奴隷《どれい》労働と戦おう」というものでした。ユニセフ*1などの国際的《こくさいてき》な組織《そしき》や、スウェーデンのリードショーピン発展途《はってんと》上国協会《じょうこくきょうかい》などが、カーンたちにさらに多くの子どもたちを救い、学校を作るための資金《しきん》を提供《ていきょう》しました。

カーンはイギリスのロンドンに行き、子どもたちが債務《さいむ》労働者として使われなくなるまで、パキスタンで作られたじゅうたんを買わないよう、欧州《おうしゅう》共同体*2に求めました。カーンは、パキスタン政府《せいふ》自体が、子どもを雇《やと》い訓練《くんれん》するための施設《しせつ》を百以上も運営していると述《の》べました。ロンドンにあるパキスタンの高等弁務官《べんむかん》*3事務所《じむしょ》のスポークスマン*4は、「そのような施設《しせつ》のことなど聞いたことがない」と、カーンの非難《ひなん》を否定《ひてい》しました。

国連人権《じんけん》委員会は、じゅうたんのように、その製造《せいぞう》に子どもが使われがちな製《せい》

---

*1　14ページを見よう。

*2　現在《げんざい》の欧州《おうしゅう》連合（EU）のもとになった国家間の組織《そしき》。

*3　イギリス連《れん》邦加《ぼうか》盟国《めいこく》の間でおたがいに置かれる大使館のようなもの。イギリス連邦《れんぽう》とは、イギリスと、かつてその支配下《しはいか》にあった国々からなる国家間のつながり。

品《ひん》には、子どもの手によって作られたものではないことを保証《ほしょう》する特別な目印をつけるように勧告《かんこく》しました。こうした動きに勇気づけられた元債務《さいむ》労働者の何百人という子どもたちが、インドのニューデリー*5、パキスタンのラホール*6、ネパール*7のカトマンズの通りをデモ行進しました。旗をふり、合言葉を叫《さけ》び、子どもの奴隷《どれい》労働の廃止《はいし》を求めたのです。

翌年《よくとし》の一九九二年、債務労働廃止法案《さいむろうどうはいしほうあん》がパキスタンの議会を通過《つうか》しました。この法律《ほうりつ》は、それに先立つ最高裁判所《さいこうさいばんしょ》の判決《はんけつ》、つまり、債務労働《ペーシュギー》の制度はパキスタンの憲法《けんぽう》に違反《いはん》するとした判決《はんけつ》をさらに一歩前進させるものでした。というのは、債務労働《ペーシュギー》の制度を廃止《はいし》するだけでなく、債務《さいむ》労働者の家族が雇《やと》い主《ぬし》に対して負っていたすべての借金を帳消しにするものだったからです。新しい法律《ほうりつ》に違反《いはん》した者は、最低二年の懲役《ちょうえき》という厳《きび》しい罰《ばつ》を受けるだけでなく、強制《きょうせい》労働の見返りにお金を貸《か》してもらった者にも高い罰金《ばっきん》が科せられることになったのです。こんどこそ、事態《じたい》は変わり始めました。そして、ようやく今度こそ何百万という子どもたちが、奴隷《どれい》労働から自由になろうとしていました。しかし、法律《ほうりつ》ができても、

---

*4 情報《じょうほう》や見解《けんかい》を公《おおやけ》に発表する担当官《たんとうかん》。

*5 8・91ページを見よう。

*6 8・61ページを見よう。

*7 8・47ページを見よう。

それがきちんと守られるかどうかは、地方の行政《ぎょうせい》機関や裁判所《さいばんしょ》しだいでした。

▲子どもに対する搾取《さくしゅ》に抗議《こうぎ》する元児童労働者たち。1996年11月8日、インド。（写真提供：AP通信／サウラブ・ダス）

一

第七章　自由の証明書《しょうめいしょ》

「会場のかたすみにちぢこまっていた彼《かれ》は、年寄《としよ》りのようにやせ細り、ぜいぜい苦しげな息をしていた。まるで自分の姿《すがた》をかくし、消えてしまおうと努めているかのようだった。それほどおびえていたのだ。しかし、わたしはこの少年が特別なものを持っているのを感じた。強い意志《いし》を持っていることを。

イーシャーン・ウラー・カーン」

新しい法律《ほうりつ》は、なかなかその効力《こうりょく》を発揮《はっき》しませんでした。インドでは、債務《さいむ》労働者がわずかな賃金《ちんぎん》の値上《ねあ》げを求めただけで、ひどく殴《なぐ》られたりすることがよくありました。ほかの南アジアの国々でも、労働者が労働条件《じょうけん》をよくするよう求めたり、団結《だんけつ》しようとしたりすれば、ひどい仕打ちをうけました。食事の量やトイレに行ける回数をもうちょっと増《ふ》やしてほしいというだけでも、雇《やと》い主《ぬし》への反抗《はんこう》とみなされ、厳《きび》しく罰《ばっ》せられたのです。

イーシャーン・ウラー・カーンとＢＬＬＦのメンバーは、町や村を回って新しくできた法律《ほうりつ》を人々に知らせました。彼《かれ》らは国じゅうを回り、都会から遠くはなれた地方の村々でも集会を開きました。集会では、「自由の憲章《けんしょう》」と呼《よ》ばれるパンフレットが配られました。パンフレットには労働者の権利《けんり》が説明されていましたが、債務《さいむ》労働者のほとんどは字が読めないので、パンフレットに何が書かれているか知りたければ、かわりに読んでくれる人を見つけなければなりませんでした。

ＢＬＬＦは、また、工場に不意打ちをかけて、何百人もの労働者を解放《かいほう》しました。

ＢＬＬＦが活発に運動をくり広げるにつれて、彼《かれ》らのことを悪く言う動きも広がっていきました。企業《きぎょう》の経営者《けいえいしゃ》たちは、ＢＬＬＦについて悪いうわさを流しました。彼《かれ》らのことを社会の仕組みを壊《こわ》そうとしているけしからぬ連中だと悪《あ》しざまに言ったり、「自由の憲章《けんしょう》」を共産主義《しゅぎ》＊1のプロパガンダ（特定の政治《せいじ》的な考え

＊1　生産手段《しゅだん》や財産の私有《しゆう》を否定《ひてい》することで、貧富《ひんぷ》の差のない社会を実現《じつげん》しようとする思想や運動。

方を強調する宣伝《せんでん》）だと非難《ひなん》したりしました。

　ＢＬＬＦの活動を快《こころよ》く思わない者はほかにもたくさんいました。ＢＬＬＦはインドのニューデリーで結成された「南アジア子ども奴隷解放連盟《どれいかいほうれんめい》」*2に加わっていたので、政府《せいふ》はカーンたちを「インドの手先」と呼《よ》び、パキスタンのじゅうたん産業やレンガ産業に打撃《だげき》を与《あた》え、経済《けいざい》を破壊《はかい》しようとしていると非難《ひなん》しました。工場主たちは、安い労働者を奪《うば》われるためにＢＬＬＦを憎《にく》み、地方の役人や政治家《か》たちも自分たちの不正を暴《あば》かれるため、やはりＢＬＬＦを憎《にく》みました。

　意外なことに、債務《さいむ》労働者たちの多くもカーンたちを憎《にく》みました。労働者や仲介人《ちゅうかいにん》の中には、「どうして、カーンのような教養のある人間が貧《まず》しい人々を助けるために骨《ほね》を折ったりするのだろう？」と、いぶかしく思う人もいました。

　雇《やと》い主《ぬし》や地方の請負《うけおい》業者たちは、ＢＬＬＦには近寄《ちかよ》らないようにと、労働者たちに警告《けいこく》しました。そして、ＢＬＬＦのメンバーと話をしていた者には罰《ばつ》を与《あた》えると脅《おど》しました。

　労働者たちは、「役にも立たない、うそだらけの『自由の憲章《けんしょう》』には近づかな

＊2　91ページを見よう。

いように」と言われました。そのため、労働者たちの多くはＢＬＬＦに近づこうとしませんでした。

しかし、すべての労働者がそうした警告《けいこく》にしたがったわけではありません。労働者たちにとって、自由は、かんたんにはあきらめきれない夢《ゆめ》だからです。ＢＬＬＦの集会に足を運ぶ労働者の数が増《ふ》えるにつれて、ＢＬＬＦの集会と奴隷《どれい》労働をさせられている子どもたちのことは、頻繁《ひんぱん》にマスコミに取り上げられるようになりました。

そんな状況《じょうきょう》について、アメリカ合衆国《がっしゅうこく》にじゅうたんを輸出《ゆしゅつ》している貿易《ぼうえき》業者は、「この貧《まず》しい子どもたちに、ほかにどんな選択肢《せんたくし》があるというんだ？」と問いかけます。「もし、彼《かれ》らから仕事を奪《うば》ったら、飢《う》え死《じ》にしてしまうだろう。そうなったら、おれたちも責任《せきにん》を感じないわけにはいかない。人道的な見地からこの問題を考えるべきだ」と言うのです。

そのころ、イクバルは六年間じゅうたんを織《お》り続《つづ》け、一日に二十ルピー（約五十二円）をかせいでいました。いくらかの賃上《ちんあ》げがあったにもかかわらず、彼《かれ》が負っている債務《さいむ》は、返すのが不可能《ふかのう》な額《がく》にまでふくれ上がっていました。

他の雇《やと》い主《ぬし》と同じように、イクバルの雇《やと》い主《ぬし》も、労働者たちにＢＬＬＦの活動に近づかないように警告《けいこく》していました。でも、イクバルはとても利口な子だったので、雇《やと》い主《ぬし》が悪いことだと言うことは、本当はいいことにちがいないと考えました。「ぼくの雇《やと》い主《ぬし》はぼくを脅《おど》した。でも、その日、ぼくは工場から逃《に》げ出《だ》したんだ」とイクバルは語っています。イクバルは工場から抜《ぬ》け出《だ》すと、債務《さいむ》労働者の自由と権利《けんり》を主張《しゅちょう》する集会に参加したのです。

のちに師《し》となり、真の父となり、親友となるカーンをイクバルがはじめて見たのは、この集会でした。このときまで、イクバルは、子どもの労働者を守る法律《ほうりつ》があることも、債務労働《ペーシュギー》の制度は一年も前に法律《ほうりつ》で禁《きん》じられたことも知りませんでした。イクバルは、自分と自分の家族が雇《やと》い主《ぬし》に負っている債務《さいむ》がすでに政府《せいふ》によって帳消しになっていることを知って、ショックを受けるとともに、怒《いか》りがこみあげてきました。そして会場を歩きまわりながら、正義《せいぎ》や自由について語る演説者《えんぜつしゃ》たちの話に耳を傾《かた》けました。

集会の最中、カーンは、小柄《こがら》でおとなしそうな少年が会場のかたすみにいるのに気がつきました。「わたしは、彼《かれ》をステージに上げ、自己紹介《じこしょうかい》してくれるように頼《たの》んだのです」と、カーンはこのときのことをふり返っています。イクバルは集まった人々に、名前と年齢《ねんれい》、雇《やと》い主《ぬし》の名前、そしてどれだけの債務《さいむ》を負わされているかを言いました。

この出会いののち、イクバルは工場の仕事にもどろうとはしませんでした。イクバルはＢＬＬＦの弁護士《べんごし》と連絡《れんらく》を取り、弁護士《べんごし》のおかげでイクバルは自由であることの証明書《しょうめいしょ》を手に入れることができました。しかし、それだけでは不十分でした。「ぼくだけが自由になるわけにはいかない。仲間もいっしょでなくちゃ」と、イクバルはきっぱり言いました。そして、「ぼくたちは自由なんだということを伝えに、工場にもどりたい」と告げたのです。

ＢＬＬＦのメンバーとともに、イクバルは意気ようようと雇《やと》い主《ぬし》のところに向かい、自由の証明書《しょうめいしょ》をつきつけました。イクバルは仲間の少年たちを呼《よ》ぶと、

「さあ、ぼくといっしょに来て。自由になるんだ」と、言いました。

工場主は怒《いか》り狂《くる》いましたが、どうすることもできませんでした。イクバルは、十歳《じっさい》のときに、ようやく自由の身になったのです。

第二部

さらなる前進、そして突然《とつぜん》の悲劇《ひげき》

第八章　行動

「合衆国《がっしゅうこく》は児童労働によって作られたいかなる製品《せいひん》も輸入《ゆにゅう》してはならない。以上。

アメリカ合衆国《がっしゅうこく》上院議員トム・ハーキン」

一九九三年一月。南アジアの息がつまるような工場から遠くはなれたアメリカのアイオワ州*1で、トム・ハーキン上院議員が記者会見を開きました。幼《おさな》い子どもたちをひどい環境《かんきょう》で働かせて作られた製品《せいひん》がアメリカで売られていることに心を痛《いた》めていた彼《かれ》は、こう語りました。「この国で児童労働が違法《いほう》となったのは遠い昔のことではありませんが、そうなったのには正当な理由がありました。子どもたちのいるべき場所は学校であって、ひどい条件《じょうけん》で働かされる工場ではないと、アメリカは判断《はんだん》したのです。企業《きぎょう》が子どもたちをきちんと扱《あつか》うことができないのなら、政府《せいふ》が解決《かいけつ》をはかるべきだと悟《さと》ったのです」

*1　8ページの地図を見よう。

トム・ハーキン上院議員は、児童労働禁止法《きんしほう》という法案を提案《ていあん》しました。この法案では、児童労働によって作られた製品《せいひん》を輸入《ゆにゅう》することも禁《きん》じています。児童労働を行っている外国の業者すべてのリストを合衆国政府《がっしゅうこくせいふ》が持つことを要求し、そのような業者から輸入《ゆにゅう》しているアメリカの企業《きぎょう》はすべて、民事制裁金《せいさいきん》*2を科されるか刑事責任《けいじせきにん》を負うか、あるいはその両方を受けるとはっきり定めてあるものでした。

南アジアの国々から派遣《はけん》され、ワシントンにいる外交官たちは、「アメリカは本気だ」と自分たちの国に注意を促《うなが》しました。アメリカ政府《せいふ》の調査官《ちょうさかん》とアメリカ労働組合職員《しょくいん》の代表団《だいひょうだん》が、南アジアの衣料工場をいくつも訪問《ほうもん》しました。アメリカで法案が投票に持《も》ち込《こ》まれる前から、買い手が工場を訪《おとず》れると、業者は働いている子どもたちを隠《かく》すようになりました。

バングラデシュ*3の業者は特に心配していました。アメリカへの洋服の輸出《ゆしゅつ》ではバングラデシュは七番手です。南アジアのほかの国と同じように、バングラデシュにも子どもたちを守る法律《ほうりつ》はありましたが、気にかける人はほとんどいません

---

*2 法令違反《ほうれいいはん》に対し国・州などが科する金銭的制裁《きんせんてきせいさい》で、刑罰的《けいばつてき》な意味をもたない。不当に得た利益《りえき》を没収《ぼっしゅう》し再発《さいはつ》を防《ふせ》ぐのが狙《ねら》い。日本にはない制度《せいど》。

*3 8ページの地図を見よう。

でした。大勢《おおぜい》の子どもたちが衣料工場で働いていました。その多くは、イクバルのように借金にしばられているわけではありませんでしたが、長い時間働いて、学校へは行かず、とても安い賃金《ちんぎん》しかもらえません。子どもを守る法律《ほうりつ》に明らかに違反《いはん》していました。

「工場の人たちにしょっちゅうぶたれる」。衣料工場で働いている十一歳《じゅういっさい》のビューティが、ユニセフ*1のスタッフに話しました。「買い手が来ると、洋服が入った箱の中に隠《かく》れろって言われた。『お客が帰る前に出てきたら、ぶつぞ』って言うんだ。一度、窒息《ちっそく》しかけたことがある。このままでは死んでしまうと思って、箱を壊《こわ》して脱出《だっしゅつ》した」

法案は連邦《れんぽう》議会で可決《かけつ》されませんでしたが、ハーキンはもう一度提出《ていしゅつ》することを誓《ちか》いました。製品《せいひん》をアメリカに輸出《ゆしゅつ》するメーカーは、現在《げんざい》工場で働いている子どもたちをどうすべきか考える時間をくれるよう、要求しました。「たとえば、五年以内に子どもを働かせるのをやめろと言われれば、子どもたちを集めるのを

*1　14ページを見よう。

すぐにやめる。今いる子どもたちを手元に残し、環境《かんきょう》を整え、技術《ぎじゅつ》をしっかりと身につけさせることができる」というのが、雇《やと》い主《ぬし》の言い分です。

インド製《せい》のじゅうたんを多く輸入《ゆにゅう》しているドイツでも、似《に》たような法案が提出《ていしゅつ》されていました。そんな動きを見て、南アジアの業者は早いうちに何か手を打ったほうがよさそうだと思うようになりました。

業者は、子どもたちを解雇《かいこ》し始めました。その結果はひどいものでした。ユニセフの報告《ほうこく》によると、五万人の子どもたちがバングラデシュの工場で解雇《かいこ》されました。インドでは、じゅうたん工場で働く子どものいる約百五十万世帯が収入《しゅうにゅう》源《げん》を失うことになりました。パキスタンやネパールでも似《に》たような問題が起こりました。奴隷《どれい》労働から解放《かいほう》されても、子どもたちが家族の生活を助けなければならないという状況《じょうきょう》は変わりません。子どもたちに技能《ぎのう》はなく、ほとんど教育を受けていないため、できる仕事は限《かぎ》られています。ようやく新しい仕事を見つけても、状況《じょうきょう》がよくなるわけではありません。

家が貧《まず》しいから、学校へは行けませんでした。衣料工場ができて、工場で働くことになりました。工場での仕事がなかったら、よその家でお手伝いをしなければならなかったので、それに比《くら》べればましでした。

お手伝いとして働いていたこともあります。ある日、お皿を落として割《わ》ってしまい、奥《おく》さまにたたかれて、追い出されました。泣きながら家に帰ったら、父さんと母さんが衣料工場での仕事を何とか見つけてくれました。小さな仕事から始めて、少しずつ難《むずか》しい仕事もまかされるようになり、機械工になって、家族はわたしの給料で生活していたんです。今はその仕事がなくなってしまって、つらい——とてもとてもつらいです。家族はとても苦しんでいます。お金がなくて、一日に二食食べることもできません。

スルファ

石を割《わ》る仕事や、街頭での物売りや、売春のような仕事についた子どもたちも少なくありませんでした。衣料工場の中で長い時間働くよりも、ずっと危険《きけん》な仕

＊1　国連の専門《せんもん》機関の一つ。世界の人々の労働条件《じょうけん》の改善《かいぜん》や生活水準《すいじゅん》の向上を目的とした活動を行っている。

事です。

貧困《ひんこん》にあえぐ家族は、収入《しゅうにゅう》を失って激怒《げきど》しました。「うちの子どもたちがお腹《なか》をすかせて泣いていたら、アメリカ政府《せいふ》がやってきて食事をくれるとでもいうの?」と、欧米《おうべい》からきた記者に訴《うった》える母親もいました。そのうち、ユニセフや国《こく》際《さい》労働機関*1（ＩＬＯ）、バングラデシュ衣料品製造輸出《せいぞうゆしゅつ》協会が協力し合って、解《かい》決策《けっさく》を見出《みいだ》しました。工場で働く子どもたちは学校へ通い、子どもたちの家族は失った分の収入《しゅうにゅう》をいくらか補《おぎな》えるように毎月給付金を受け取る、ということで合意したのです。

同じ年、一九九三年に、オーストリアのウィーン*2で開かれた国連人権《じんけん》会議に、記録的な数の非政府組織《ひせいふそしき》*3（ＮＧＯ）が出席しました。この会議は、地域《ちいき》の草の根団体《だんたい》が、集まった代表者やメディア、その他関心を持っているグループの前で、自分たちの活動について述《の》べる、またとない場となりました。

この会議に出席したリーボック*4人権財団《じんけんざいだん》の代表、ダグ・カーンは、次のように語っています。「会議場の地階はどういうわけか〈恐怖《きょうふ》のホール〉と呼《よ》ばれてい

---

*2　8ページの地図を見よう。

*3　人権《じんけん》や平和、環境《かんきょう》などの分野で活動する、営利《えいり》を目的としない民間団体《だんたい》のこと。小さな団体《だんたい》もあれば、大きな国際的組織《こくさいてきそしき》もあり、国連と協力して活動するものもある。

*4　11ページを見よう。

ました。部屋《へや》の四方に置かれたブースに世界じゅうのNGOの代表者たちがつめていて、それぞれのブースでは、各グループが世の中からなくそうとしているいろいろな悪習についての説明をしたり、資料《しりょう》を展示《てんじ》したりしていました。人権《じんけん》活動家たちが、一日をとおして順番に研究会やセミナーを開いていて、朝の八時から夜の九時まで、中央アメリカ*1のストリート・チルドレン*2のことやパキスタンの奴隷《どれい》労働について学ぶことができました。そのとき、あるブースで、イーシャーン・ウラー・カーンに会ったのです。カーンは債務《さいむ》労働解放戦線《ろうどうかいほうせんせん》の代表でした」

ダグ・カーンはイーシャーン・ウラー・カーンのセミナーに出席し、最近奴隷《どれい》労働から解放《かいほう》されたイクバル・マシーという男の子のことを聞きました。「そのとき初めてイクバルに興味《きょうみ》を持ちました。いつかイクバルが、リーボック人権賞《じんけんしょう》の候補者《こうほしゃ》になるかもしれないと思ったのです」とダグ・カーンは言っています。「イクバルのことはこれまで聞いたことがなかったし、子どもが奴隷《どれい》のように使われている問題については、アメリカではあまり知られていないように思えまし

*1 南北アメリカ間を結ぶ狭《せま》い陸地帯。グアテマラ、ベリーズ、エルサルバドル、ホンジュラス、ニカラグア、コスタリカ、パナマからなる。

*2 68ページを見よう。

た」

〈恐怖《きょうふ》のホール〉での思いがけない出会いが、のちにダグ・カーンやリーボックのほかのスタッフに、そしてだれよりもまずイクバル・マシーに、大きな影響《えいきょう》を与《あた》えることになります。

◆児童労働の問題に取り組む非《ひ》政府《せいふ》組織《そしき》や国連機関

ASI	国際《こくさい》反奴《はんど》隷制《れいせい》協会
BLF	債務《さいむ》解放《かいほう》戦線《せんせん》（インド）
BLLF	債務《さいむ》労働《ろうどう》解放《かいほう》戦線《せんせん》（パキスタン）
CMAWCL	児童労働にたよらないじゅうたんメーカー協会
CWIN	ネパールの働く子どもたち
HRCP	パキスタン人権《じんけん》委員会
HRW	ヒューマン・ライツ・ウォッチ
ILO	国際《こくさい》労働機関
RMF	ラグマーク財団《ざいだん》
SACCS	南アジア子ども奴《ど》隷《れい》解放《かいほう》連盟《れんめい》
UNCHR	国際連合人権《じんけん》委員会（現《げん》UNHRC　国際連合人権理事会《こくさいれんごうじんけんりじかい》）
UNICEF	国際連合児童基金《こくさいれんごうじどうききん》

＊組織《そしき》の多くは、自分たちの組織《そしき》の名前をアルファベットの大文字の略《りゃく》語《ご》を使って表している。たとえば「非《ひ》政府組織《せいふそしき》（Non-Govermental Organization）」は、NGOとなる。上は、そのいくつかの例である。

第九章 まじめな生徒……そして活動家

「イクバルと長い時間話をしました。すばらしい子でした。自分の考えをはっきりと言えて、印象深《いんしょうぶか》い、とてもいい子でした。深刻《しんこく》ぶったところはありませんでした。わたしが知っているどんな子どもよりも賢《かしこ》く、しっかりしていましたが、やはり子どもでした。生きていたら、将来《しょうらい》、すばらしい組織《そしき》を作っていたかもしれません。」

ファーハド・カリム、ヒューマン・ライツ・ウォッチ・アジア局の元調査員《もとちょうさいん》*1

イーシャーン・ウラー・カーンは、イクバルがラホールに移《うつ》って、BLLFのフリーダム・キャンパス（自由の学校）*2で勉強できるよう手配しました。イクバルの家のあるムリドゥケからラホールまでは、十八マイル（約二十九キロメート

*1　63ページを見よう。
*2　8・61ページを見よう。

ル）はなれていました。イクバルのような幼《おさな》い子どもには、その千倍にも感じられたかもしれません。彼《かれ》の人生は再び変化します。イクバルが今住むのは、パキスタンの文化の中心となる古い美しい町でした。

人通りの多い道や満員のバス、社会のあらゆる階層《かいそう》の人々。静かでほこりっぽいイクバルの村とは、まったく違《ちが》っていました。街行く行商人たちは、食べ物、洋服、花、おもちゃなど、売れそうなものなら何でも売っています。いたるところに子どもたちの姿《すがた》があり、かつてのイクバルのように働く子どもたちが、歩道の一角で花を売ったり、ガソリンを入れたり、使い走りをしたりしています。今のイクバルのように学校へ通っている子どもたちは、公園でクリケットをしたり、古い城塞《じょうさい》や歴史のある宮殿《きゅうでん》、大理石のモスクへ遠足に出かけたりします。イクバルにとっていちばんうれしかったのは、ラホールには映画館《えいがかん》があることでした。時間があると、イクバルはカンフー映画《えいが》やアニメーション映画《えいが》を見に行きました。時間がある！　それは、かつては想像《そうぞう》すらできないことでした。

イクバルは一生懸命《いっしょうけんめい》勉強して、ウルドゥー語の読み書きを覚えようとしました。

とても頭がよく、熱心に勉強したので、ふつうよりもずっと早い期間で勉強を終えてしまいました。生まれながらのリーダーで、進んで学校の仲間の面倒《めんどう》をみていました。学校に現《あらわ》れない同級生がいると、どうして来ないのか気になって、その子の家を訪《たず》ねて、「病気なの？　授業《じゅぎょう》のノートを写してあげようか？」と声をかけました。

イクバルはよく故郷《こきょう》に帰って、家族に会いました。妹と遊び、数や文字を教えてやりました。イクバルの妹は、お兄さん——学校に通っているお兄さんが大好きでした。お母さんのイナーヤト・ビービーは、イクバルが一族のだれよりも先に教育を受けたことを誇《ほこ》りに思っていました。読み書きを覚えてしまうと、イクバルの関心はさらに広

▲ BLLFの学校に通う生徒たち。（写真提供：マーク・シャピロ）

がりました。きっとかつてのアメリカの奴隷制度《どれいせいど》についても勉強したのでしょう。「エイブラハム・リンカーン[*1]のようになって、奴隷《どれい》のように働かされているパキスタンの子どもたちを自由にしたい」と言っていたからです。

イクバルはBLLFのボランティアたちといっしょに、地方を歩きまわりました。デモに参加し、BLLFの旗を誇《ほこ》らしげに振《ふ》って、聞こえる人みんなに向かって「ぼくたちは自由だ！」と叫《さけ》びました。じゅうたん工場を訪《おとず》れて、そこで働いている子どもたちに自由のメッセージを届けました。「ぼくといっしょに来て、自由になろう」と呼《よ》びかけました。リンカーンのように、あるいは現代《げんだい》のハーメルンの笛吹《ふえふ》き[*2]のように、イクバルは大勢《おおぜい》の子どもたちを自由へ導《みちび》いたのでした。

世界じゅうのジャーナリストや労働運動の指導《しどう》者、人権《じんけん》問題の活動家たちがフリーダム・キャンパスを訪《おとず》れ、子どもたちのまとめ役として学校を代表するイクバルに会いました。

こざっぱりしたブルーの制服《せいふく》を着たイクバルは、大勢《おおぜい》の人々の前で話をしました。その話しぶりは力強く、情熱《じょうねつ》にあふれていました。だれもが、とりわけ子ど

＊1　9ページを見よう。

＊2　笛吹《ふえふ》きの男が町じゅうの子どもたちを連れ去ったというドイツの伝説。

もたちが熱心に耳を傾《かたむ》けていました。イクバルはじゅうたん工場での生活について語りました。織機《しょっき》の前で何時間も過《す》ごす、仲間の男の子たちのことも話しました。怒鳴《どな》られたり、殴《なぐ》られたり、ひどくひもじい思いをしたりしたことを話しました。いつも口にするのは、貧《まず》しい家の子どもから、子どもらしい生活を奪《うば》うのは間違《まちが》っているということでした。イクバルは非常《ひじょう》に筋道《すじみち》の通った話し方ができました。これまでほとんど読み書きができなかったことや、じゅうたん工場での生活のほかは、何も知らなかったことを考えると、驚《おどろ》くべきことでした。

イクバルには演説《えんぜつ》の才能《さいのう》があるとカーンは思っていました。メモを見ないで何時間も、筋道《すじみち》を立てて話し続けることができたからです。大人だったら、話しているうちに、子どもたちが置かれているひどい状況《じょうきょう》への憤《いきどお》りで言葉につまってしまうでしょう。実際《じっさい》に奴隷《どれい》労働を経験《けいけん》してきただけに、イクバルの話には迫力《はくりょく》がありました。大勢《おおぜい》の人たちに囲まれても、イクバルは少しもおじけづいたりしませんでした。むしろ楽しんでいました。

このころ、新たな中傷《ちゅうしょう》が始まりました。まず、イクバルに脅迫状《きょうはくじょう》が何通か届きました。カーンの話では、「殺してやる！」という脅《おど》しもあったようです。けれども、イクバルは気にしませんでした。大人がほんとうに自分に危害《きがい》を加えるなんて、想像《そうぞう》できなかったのです。それどころか、脅迫《きょうはく》を受けて、ますますがんばろうという気持ちになったと、友だちに言っています。

◆ラグマーク＊1

南アジア子ども奴隷解放連盟《どれいかいほうれんめい》＊2（ＳＡＣＣＳ）は、主なメーカーや輸出業者《ゆしゅつ》を訪《ほう》問《もん》して、意見の食《く》い違《ちが》いを解決《かいけつ》しようとしました。スイスのジュネーブ＊3で開かれた国連人権《じんけん》委員会に代表を派遣《はけん》し、子どもの手で作られていないじゅうたんはどれか、一般《いっぱん》の人々がわかるラベルをつけるよう、委員会に求めました。国連人権《じんけん》委員会は一九九一年に報告書《ほうこくしょ》を出し、その中で次のような提言《ていげん》をしています。

じゅうたんなどの製造《せいぞう》には児童労働が関係していることが多いので、子どもたちがその製品《せいひん》を作ったのではないと保証《ほしょう》する、特別なマークをつけるべき

＊1　「ラグ」とは床《ゆか》の一部に敷《し》くじゅうたんのこと。イクバルたちが作っていたじゅうたんはこういったタイプのものである。

＊2　95ページを見よう。

＊3　8ページの地図を見よう。

である。そうすれば消費者は、マークのある商品を選ぶようになるだろう。

約五十のじゅうたんメーカーが、自分たちの工場では子どもの労働者は絶対《ぜったい》に使わないと誓《ちか》いました。SACCSはすぐに独自《どくじ》の機関を立ち上げ、関係するNGO（非《ひ》政《せい》府《ふ》組《そ》織《しき》）やじゅうたんメーカー、輸入《ゆにゅう》業者、輸出《ゆしゅつ》業者、ユニセフ＊4のような国際《こくさい》機関がメンバーになりました。この機関には、子どもの労働者を使わずに作られたじゅうたんにマークをつける権限《けんげん》が与《あた》えられました。点検《てんけん》とラベル貼《は》りのシステム作りは、ドイツの貿易《ぼうえき》振興会《しんこうかい》が担当《たんとう》しました。何年にもわたって話し合いを重ねたのち、一九九四年九月五日、正式にラグマーク財団《ざいだん》が設立《せつりつ》されました。ラベルには笑っているじゅうたんのロゴが使われています。

このラベルには、輸出《ゆしゅつ》業者やメーカー、織機《しょっき》の所有者、織《お》り

◀ラグマーク。

＊4　14ページを見よう。

手《て》を識別《しきべつ》するコード番号がついています。子どもたちを使わずにじゅうたんを作ることに同意すれば、どんなメーカーも輸出《ゆしゅつ》業者もラベルを申請《しんせい》できます。また、業者が契約《けいやく》を守っているかどうかチェックするため、調査官《ちょうさかん》が抜《ぬ》き打《う》ちで工場を訪《おとず》れます。

ラグマーク財団《ざいだん》に参加しようとしない業者もいました。「そんなシステムがうまくいくわけない、こんなにたくさんあるじゅうたん工場を見てまわるなんて不《ふ》可能《かのう》だ」と言うのです。それでも、多くの業者が参加しました。

ラグマーク財団《ざいだん》の準備《じゅんび》が整うと、次の課題《かだい》は、解放《かいほう》された子どもたちをどのように支援《しえん》するかということでした。ラグマーク財団《ざいだん》への出資者《しゅっししゃ》は、子どもたちに教育を受けさせ、社会復帰《ふっき》させるのは、政府《せいふ》が考えるべきことだと思いながらも、じゅうたん工場から解放《かいほう》された子どもたちを教育し、社会復帰《ふっき》させるためにかかるお金を出し合いました。大人が作ったじゅうたんの売り上げの一部もこのためにあてられました。消費者はようやく、自分が買おうとしているじゅうたんは子どもたちが作ったものではない、と確認《かくにん》できるようになったのです。

このころには、イーシャーン・ウラー・カーンは、イクバルにとって父親のような存在《そんざい》になっていました。カーンは、一九九四年十一月、スウェーデンのストックホルムで開かれた国際《こくさい》労働機関の会議にイクバルを連れて行きました。イクバルは借金のかたに奴隷《どれい》労働者となった自分の体験について語り、会議の参加者たちに感銘《かんめい》を与《あた》えました。空き時間にはスウェーデンの学校を訪《たず》ねて、自分と同世代の子どもたちに会いました。

一方、リーボック人権財団《じんけんざいだん》のスタッフは、幼《おさな》いイクバルの驚《おどろ》くべき活躍《かつやく》ぶりに注目し続けていました。パキスタンと連絡《れんらく》を取るのは難《むずか》しく、ＢＬＬＦやイクバルについて正確《せいかく》な情報《じょうほう》を入手するのはかんたんではありませんでしたが、ＢＬＬＦの学校を訪《おとず》れたジャーナリストや人権《じんけん》活動家が授業《じゅぎょう》のようすを伝え、受賞者としてイクバルを推薦《すいせん》しました。財団《ざいだん》のスタッフは、イクバル・マシーにリーボック人権賞《じんけんしょう》を贈《おく》るときが来たと思いました。

この賞は、人権《じんけん》運動にめざましい貢献《こうけん》をした三十歳《さんじっさい》未満の若《わか》い男女をたたえる

＊1　8ページの地図を見よう。

ために設立《せつりつ》されたもので、通常《つうじょう》、すでに何年も活動している人が受賞しています。イクバルはこれまでの受賞者のだれよりもずっと若《わか》かったので、きわだった活動をしている若《わか》い運動家たちを対象とした、新しい賞がもうけられました。こうしてイクバル・マシーは、リーボック行動する若者賞《ユース・イン・アクション》の受賞者となりました。イクバルとイーシャーン・ウラー・カーンはアメリカ・マサチューセッツ州ボストン[*1]で行われる授賞式《じゅしょうしき》に招《まね》かれました。

　イクバルはまだ幼《おさな》くて不慣《ふな》れなことが多かったため、ほかの受賞者より一週間早くボストンに来るよう勧《すす》められました。アメリカに慣《な》れるため、少し時間が必要だろうとリーボックのスタッフは考えたのです。授賞式《じゅしょうしき》には、国際賞《こくさいしょう》の受賞者や市民団体《だんたい》の代表、ロックスター、映画《えいが》スター、政治家《せいじか》などが集まる予定でした。大勢《おおぜい》の聴衆《ちょうしゅう》の前で話し、カメラやライトに囲まれて、たくさんのインタビューを受けることになります。奴隷《どれい》のような暮《く》らしをしていたイクバルにうまくできるのでしょうか？

＊1　8・13ページを見よう。

第十章 エイブラハム・リンカーンのように

イクバルの話を聞いてから、いろいろなことをこれまでとはちがう見方で見るようになりました。当たり前だと思ってはいけない、まちがっていると思ったら、まちがっているとはっきりと言うことが大切なのだ、とイクバルは教えてくれました。イクバルにできるのなら、わたしにもできると思います。

アマンダ・ルース、アメリカ・マサチューセッツ州クインジー、ブロード・メドウズ中学校の十四歳《じゅうよんさい》の生徒

さっそうと飛行機から降《お》りたイクバルは、白いシャルワール・カミーズ*1にウールのセーター、冬用のジャケットを着ていました。十二月のボストン*2の寒さから身を守るためです。肩《かた》に英国航空《こうくう》のフライトバッグをかけていました。空港ではリーボック社の広報《こうほう》活動部門部長のシャロン・コーエンとその友人のレナード・

*1 24ページを見よう。
*2 8・13ページを見よう。

ファインが、イクバルとイーシャーン・ウラー・カーンを出迎《でむか》えました。

シャロンがイクバルに、「あなたについていろいろと読んだのだけれど、子どもとして話しかけたらいいのか、大人として話しかけたらいいのか、わからないの」と言うと、イクバルは答えました。「ぼくは子どもです」

シャロンはイクバルとイーシャーン・ウラー・カーンを、ケンブリッジにある自分の自宅《じたく》からほど近い宿泊先《しゅくはくさき》まで車で連れて行きました。その後の十日間、イクバルは、ほとんどの自由時間をシャロンが娘《むすめ》のサラと暮《く》らしている家で過《す》ごしました。

財団《ざいだん》のスタッフ、ポーラ・ヴァン・ゲルダーも、イクバルといっしょに過《す》ごしました。ポーラはこう話しています。「最初の日はただ知り合っただけでした。カーン氏が通訳《つうやく》をしてくれましたが、あまり話ははずみませんでした」。リーボックのスタッフは、イクバルがあまりに小柄《こがら》なのにショックを受けました。とても小さくて、六歳《ろくさい》くらいにしか見えませんでした。けれども、きらきらした目をしていて、肌《はだ》もきれいでした。ただ、右のまゆ毛の上にじゅうたん作りの工具が当たってできた傷跡《きずあと》がありました。また、イクバルの手が労働者の手で、小さな傷《きず》でいっぱいだったことに、気づかないわけにはいきませんでした。

スタッフは「ようこそアメリカへ」という気持ちを表すために、イクバルにリーボックのスニーカーを贈《おく》りました。イクバルはボストンが好きだと言いました。ボストンにはクリスマスツリーがたくさんあり、ツリーのきらきらした光や、高いビルに並《なら》ぶ光が気に入ったのです。アニメーション、特に動物が出てくるものが好きで、部屋《へや》のテレビでアニメーションが見られると喜んでいました。

観光《かんこう》をしたり、学校を訪問《ほうもん》したり、インタビューを受けたりして過《す》ごし、『ライオン・キング』とジャングルに関するアイマックス*1映画《えいが》を見ました。パキスタンの伝統《でんとう》をいつも誇《ほこ》りにしているイクバルは、アメリカ人にこう話しています。

「アメリカの映画《えいが》は大好きだけれど、パキスタンにだって映画《えいが》はあるよ」

交差点の〈進め《ウォーク》／止まれ《ドント・ウォーク》〉という歩行者用信号が、イクバルの興味《きょうみ》を引きました。パキスタンにはなかったからです。すぐに英語の単語をいくつかおぼえました。クリスマスツリー、ウォーク／ドント・ウォーク、ハロー、サンキュー、フ

＊1　カナダのアイマックス社が開発した動画フィルムの規格《きかく》とその映《えい》写《しゃ》システムのこと。通常《つうじょう》の映画《えいが》で使用されるフィルムよりも大きなサイズの映像《えいぞう》を記録・上《じょう》映《えい》できるため、美しく迫力《はくりょく》のある映《えい》像《ぞう》を楽しめる。

リー……。

イクバルは南アジアで作られたじゅうたんを売っている大きなデパートを訪《おとず》れました。そこで売っていたのは、子どもたちの奴隷《どれい》労働によって作られたじゅうたんだったかもしれません（ラグマークのラベルはついていませんでした）。かつてほんのわずかな賃金《ちんぎん》で働かされていたイクバルには、高すぎると思える値段《ねだん》がついていたので、ひどくショックを受けました。

ボストンでの二日目、リーボック人権財団《じんけんざいだん》はイクバルをケンブリッジにあるキリスト教系《けい》の私立《しりつ》校に連れて行きました。イーシャーン・ウラー・カーンはいっしょではありませんでした。アメリカの人権保護団体《じんけんほごだんたい》と会うことになっていたからです。イクバルは英語が話せないので、リーボックが通訳《つうやく》をつけてくれました。

イクバルの訪問《ほうもん》に、学校じゅうがわきます。通訳《つうやく》に助けてもらいながら、イクバルは、テレビゲームをしたり、お互《たが》いの生活について話をしたりしながら、生徒たちといっしょに過《す》ごしました。記者が同行していましたが、質問《しつもん》はしないように言われていました。イクバルにとっては、アメリカの子どもたちを知る貴重《きちょう》な機会なのですから。それに、リーボック人《じん》権財団《けんざいだん》は、イクバルに自分が見世物になっていると感じてほしくなかったのです。

その夜、イクバルとカーン、財団《ざいだん》の人たち十人とその子どもたちは、大きなピザで有名なイタリアン・レストランで食事をします。ピザはイクバルの口に合わなかったので、シェフがリゾットを出しました。故郷《こきょう》で食べるお米の味がしたので、イクバルはリゾットが気に入りました。イクバルと同い年くらいのポーラのおいが、ゲームボーイを持ってきていて、二人は食事の間もずっと、ゲームボーイで遊んでいました。

時間があると、イクバルはテレビでアニメ

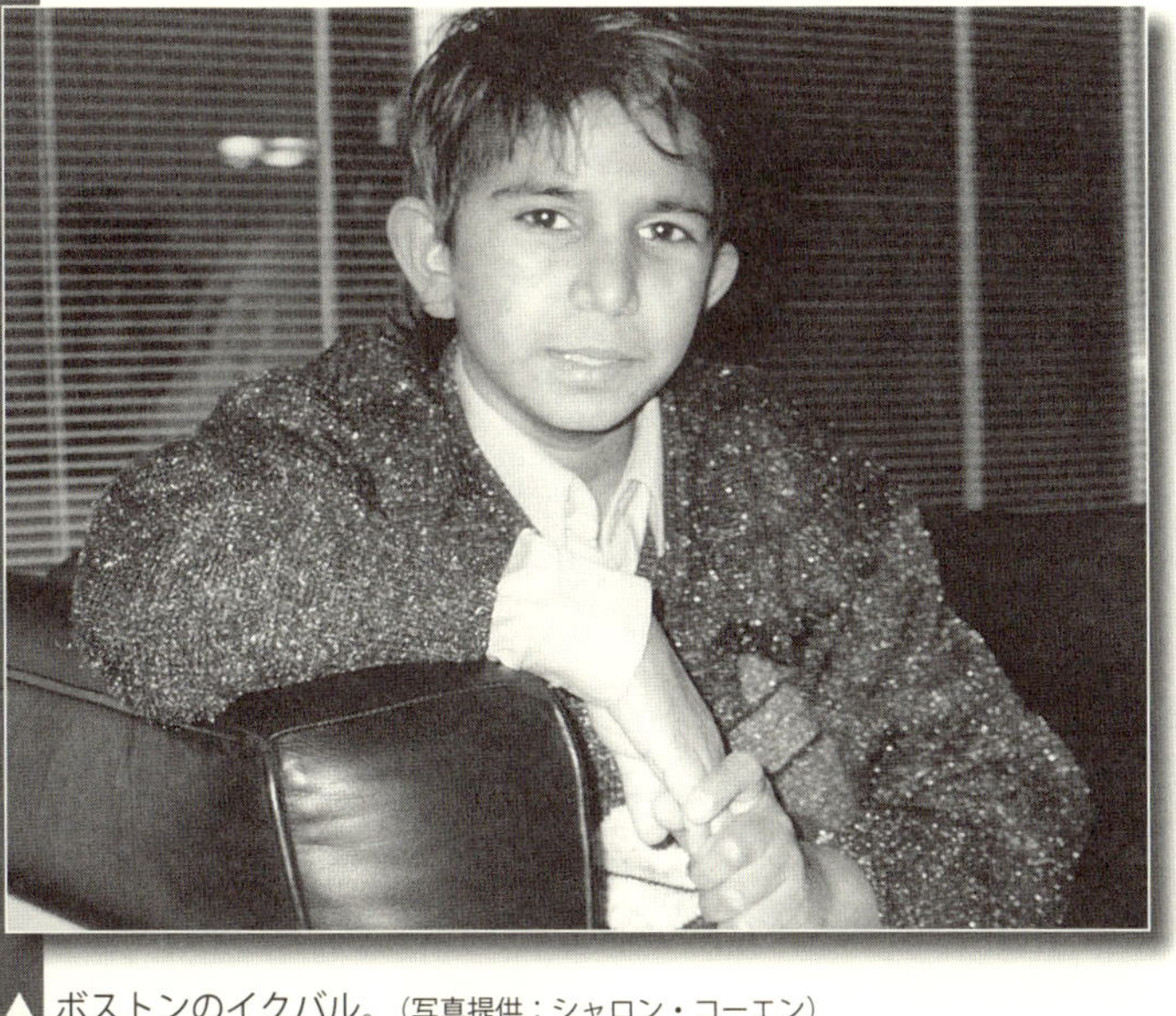

▲ボストンのイクバル。（写真提供：シャロン・コーエン）

ーションばかり見ていました。特に気に入っていたのは、耳の長いうさぎがいろいろなトラブルに巻《ま》き込《こ》まれるアニメーションです。レストランでもイクバルは、面白《おもしろ》かった場面をひとつひとつ、こと細かに、大人たちに話して聞かせました。このときもカーンが通訳《つうやく》をして、退屈《たいくつ》に思えても、辛抱《しんぼう》強く、イクバルの言うことを正確《せいかく》に伝えようとしてくれました。

イクバルに徹底《てってい》した健康診断《しんだん》を受けさせようと、シャロンはボストンにある有名な子ども病院に連れて行きました。ふたりは長い時間座《すわ》って、検査《けんさ》やレントゲン撮影《さつえい》の順番を待ちました。シャロンは言います。「イクバルはかわいらしくて物おじしない子でした。検査《けんさ》の間もずっと笑顔《えがお》で愛想がよく、とてもよい患者《かんじゃ》でした」

イクバルを診察《しんさつ》した医師《いし》は、「年の割《わり》に体が小さいけれど、まだ成長は止まっていない」と言い、「心理社会性小人症《しゃかいせいこびとしょう》」だと診断《しんだん》しました。小柄《こがら》なのは、遺伝《いでん》のためというよりは、環境的《かんきょうてき》な要因《よういん》のせいだというのです。栄養失調に加えて、何年にもわたり、換気《かんき》の悪い部屋《へや》でじゅうたんの織機《しょっき》に向かって前かがみで作業をしていたことが、成長を妨《さまた》げ、背骨《せぼね》を曲げ、肺《はい》を弱くしたのでした。また腎臓《じんぞう》に障害《しょうがい》がありました。実際《じっさい》、リーボックのスタッフは、どこに行っても、まずトイレがどこにあるのか、先に教えておかなければなりませんでした。トイレに行くとき、イクバルは冗談《じょうだん》めかして「デパートに行ってきます」などと言っていました。シャロンはそのことを今でも覚えています。

奇跡的《きせきてき》にも、レントゲン写真を見る限《かぎ》り、イクバルの成長板*1は開いていて、まだ成長する可能性《かのうせい》があることがわかりました。成長ホルモンを投与《とうよ》すると効果《こうか》があるかもしれないと言われました（のちにシャロンのスウェーデン人の友人がスウェーデンの製薬《せいやく》会社に話をつけて、高価《こうか》なホルモン薬を一年分、寄付《きふ》してもらえることになります）。

医師《いし》を相手に長い一日を過《す》ごしたあと、シャロンはイクバルを大きなおもちゃ屋へ連れて行きました。イクバルはすぐにコンピュータゲームの売り場へ行きました。

夜、イクバルはシャロン親子の家に来ました。イクバルは回転椅子《いす》に乗って、

---

*1　骨《ほね》が発達していく場所のこと。

何度もくるくる回って遊びました。それから、シャロンのひざの上に飛び乗って、自分の腕《うで》や脚《あし》をシャロンにからめて抱《だ》きつきました。イクバルは大の甘《あま》えん坊《ぼう》でした。あるとき、イクバルは、「あなた・ママ、ぼく・息子《むすこ》」と言いました。シャロンの三歳《さんさい》の娘《むすめ》サラは、イクバルにとって幼《おさな》い妹のようなもので、兄が妹にするように、よくサラの頭を軽くポンとたたきました。

三人で出かけると、通りを渡《わた》るとき、イクバルは手を伸《の》ばしてシャロンの手を握《にぎ》りました。しまいには、サラは「イクバルはいつ帰るの？」と母親にききました。母親をひとり占《じ》めするのが当たり前だったサラにとって、この新しい兄は母の関心を集めすぎていたのです。

▲イクバルとサラ。（写真提供：シャロン・コーエン）

翌日《よくじつ》、イクバルはブロード・メドウズ中学校を訪問《ほうもん》しました。ボストン郊外《こうがい》、マサチューセッツ州クインジーにある、低所得者層《ていしょとくしゃそう》の家庭の子どもたちが通う公立の学校です。イクバルが到着《とうちゃく》したとき、クラスではアメリカの南北戦争の原因《げんいん》や、アメリカの産業革命《かくめい》のルーツについて勉強していて、アメリカが農業国から工業国へどのようにして発展《はってん》していったのか学んでいました。生徒たちはチャールズ・ディケンズ*1の『オリバー・ツイスト』はすでに読んでいました。十九世紀に児童労働の恐《おそ》ろしさをイギリス人に教えた小説です。生徒たちはこれから、今日《こんにち》の児童労働について教えてくれる、現代《げんだい》のオリバーに会うのです。

イクバルを迎《むか》える準備《じゅんび》をしながら、担任《たんにん》のロン・アダムズは自分のクラスの生徒たちにさまざまな研究課題《かだい》を与《あた》えていました。生徒たちは学校のメインホールにあるじゅうたんが、児童労働で作られたものかどうか調べました。ベルギーで機械によって作られたことがわかり、みんなはほっとしました。じゅうたんを売っている店に電話をして、ラグマークのラベルがついた製品《せいひん》を扱《あつか》っているかどうか聞いてみた生徒もいました。ある生徒は、エドワード・ケネディ上院議員*2に手

---

*1　十九世紀に活躍《かつやく》したイギリスの小説家。『二都物語』や『クリスマス・キャロル』などの作品がある。

*2　有名な政治《せいじ》家《か》一家の生まれ。ジョン・F・ケネディ大統領《だいとうりょう》は兄に当たる。ジョン・F・ケネディについては174ページを見よう。

紙を書いて、児童労働についてどう考えているのかたずねました。

　イクバルはシャロン、ポーラ、通訳《つうやく》、記者、新聞社のカメラマンといっしょに学校にやってきました。ドアのところで、ケヴィン・ピックイートという名前の生徒がイクバルを迎《むか》えました。「イクバルを迎《むか》えるのがぼくの役目だった。イクバルを教室まで案内して、クラスメートに紹介《しょうかい》したんだ。イクバルのことを聞いていたから、工場主からあれだけ殴《なぐ》られて、まだ生きているのが信じられなかった」

　歩いて教室に入っていくと、イクバルは言いました。「きみたちがアメリカの奴隷制度《どれいせいど》について勉強しているって聞いたよ。ここへ来たのは、奴隷《どれい》のように働かされている人たちは今でもいるっていうことが言いたかったからだ」。イクバルから聞かされるじゅうたん工場での生活に、生徒たちはびっくりしました。

「ぶたれた?」ダン・ロングという生徒が聞きました。

「数え切れないほどたくさん」

　イクバルは生徒たちに、イクバルの雇《やと》い主《ぬし》が「パキスタン人にじゅうたんを作らせているのはアメリカ人だ」と言っていたことを打ち明けました。じゅうたんを買うため、パキスタンの子どもたちをこんなにも苦しめるアメリカ人って、いったいどんな人たちなんだろう？　と、かつてずっと考えていたイクバルは、「アメリカ人が角を生やした悪魔《あくま》ではないことがようやくわかって、うれしい」と言いました。ダンは「イクバルがほほえんでいるのを見て、うれしかった」と語りました。

生徒たちはイクバルを質問攻《しつもんぜ》めにしましたが、イクバルはそのひとつひとつに答えました。通訳《つうやく》はへとへとになりましたが、イクバルは元気です。取材のために記者が招《まね》かれていましたが、このときも、質問《しつもん》をしていいのは子どもたちだけと決められていました。

「お母さんが恋《こい》しい？」

「お母さんには会ったよ。会おうと思えば、毎晩《まいばん》でも会える」

「自分のことを売ったお父さんのこと、怒《おこ》った？」

「うーん。うれしくはなかったよ。でも、どうしてあいうことをしたのかはわかるから」

▲ブロード・メドウズ中学校のカフェテリアで新しい友人たちに囲まれるイクバル（1994 年 12 月 2 日）。（上下写真提供：ロン・アダムズ）

▲ブロード・メドウズ中学校を訪問《ほうもん》中のイクバル。かたわらに立つのはアン・マリー・ズカウスカス校長とロン・アダムズ先生。

「遊べないとき、どんな気持ちだった?」

「あのころは、ほかの子どもたちが何をしているのかなんて知らなかった」

また、ある生徒は、「命の危険《きけん》は感じなかったの?」と聞きました。

「考えなかったよ」とイクバルは答えました。

イクバルの話に、生徒たちはかたずをのんで聞き入りました。過去《かこ》の教訓《きょうくん》は生かされていませんでした。百年以上前にアメリカがそうであったように、パキスタンは発展途上国《はってんとじょうこく》です。現在《げんざい》の発展途上国《はってんとじょうこく》も、かつてのアメリカやイギリスと同じ過《あやま》ちを犯《おか》していたのです。

イクバルにとっても少し驚《おどろ》くことがありました。エイミー・パパイルという生徒が、「ブットーさん*1に手紙を書いて、子どもが話すときは、ちゃんと子どもの話を聞いてほしいって言ったの。ブットーさんは女の人だし、女の人はたいてい話を聞いてもらえないから、気持ちがわかるはず」と言ったからです。

ロバート・ディルクスという生徒はこんなことを話しました。「昨日、お母さんがじゅうたんを買おうとしていた。ぼくがお母さんに、『そのじゅうたん、パ

*1 当時のパキスタンの首相、ベーナズィール・ブットーのこと。97ページを見よう。

キスタンで奴隷《どれい》のように働かされている子どもたちが作ったじゅうたん?』って聞いたら、『何のこと?』って聞き返された。『ぼくのクラスにパキスタン人の子が来るんだけれど、その子は四歳《よんさい》のとき、お金を貸してもらう代わりにじゅうたん工場に売られたんだよ』って話すと、お母さんは驚《おどろ》いていた。お母さんが何も知らないので、ぼくのほうがびっくりしたよ」

それを聞いて、今度はイクバルが驚《おどろ》きました。

ジェン・グローガンという生徒は、そのあとのカフェテリアでの様子をこんなふうに伝えています。「食事している子なんていなかった。みんな、イクバルがいるテーブルの周りに集まっていた。イクバルを見ようとして、テーブルの上に立つ子もいたのよ」

その日の最後に、生徒たちはイクバルにプレゼントを渡《わた》しました。リュック、学校のシャツ、学校の名誉《めいよ》生徒の資格証《しかくしょう》、フットバッグ*1のボール、一九七六年のアメリカ建国二百周年記念メダル、マサチューセッツ州ローウェルの工場のことが書いてある本などです。ジェンはイクバルにメモ帳と絵、友情《ゆうじょう》のブレスレット、

---

*1 直径五センチほどのお手玉のようなボールを、手や腕《うで》を使わずに、主に足を使って蹴《け》るスポーツ。

ガム三つ、インスタントのココア、お米を少しあげたと言います。キスをした女の子もいました。「あの赤い服の女の子の名前は？」と、イクバルはポーラに聞きました。イクバルの絵を描《か》いた生徒や、イクバルの歌を作った生徒もいました。

イクバルが帰るとき、先生に言われて、生徒たちがさよならを言いに来ました。学校を出る前、イクバルは車から降《お》り、手を振《ふ》ってさようならを言いました。みんなは、奴隷《どれい》のような生活をしている子どもたちを解放《かいほう》するため、いっしょに戦うことを約束しました。だれにとっても忘《わす》れられない日となりました。

イクバルが注目されてうぬぼれないよう、いつも気を配っていたカーンは、こう言いました。「パキスタンに帰ったら、今日もらったものはほかの子と分けるんだぞ。みんなはそんなものを持っていないのだから」

「わかっているよ」イクバルは答えました。

「帰ったら勉強するんだぞ」

「うん！」

週末には、リーボック人権賞《じんけんしょう》のほかの受賞者たちが世界各地から到着《とうちゃく》し始めました。イクバルとカーンは、受賞者が泊《と》まるホテルに移《うつ》りました。絶《た》え間《ま》ないインタビューの間に息抜《いきぬ》きができるよう、カーンは、テレビのアニメーション番組をいっしょに見て、イクバルの相手をしました。新聞記者、ラジオ番組の司会者、テレビのニュースキャスターなどたくさんの人々が、奴隷《どれい》のような暮《く》らしをしていた幼《おさな》い少年に会いたがり、イクバルは喜んで質問《しつもん》に答えました。

その夜、約二十人の受賞者たちがホテルのロビーに集合して、インド料理のレストランでいっしょに食事をしました。歩いてレストランまで行く途中《とちゅう》、イクバルは率先《そっせん》してグループのリーダーを務《つと》めます。交差点にさしかかるたびに、自分より年上の受賞者たちに向かって、渡《わた》っていいかどうか指示《しじ》を出し、シャロンの手を取って道路を横断《おうだん》するのでした。

財団《ざいだん》のスポンサーは、歓迎《かんげい》のプレゼントとして贈《おく》った新しいリーボックのスニーカーを、イクバルが一度もはいていないことに気づいていました。「靴《くつ》が合わないの？」とポーラが聞くと、イクバルは「ううん」と言って、自分の洋服を指さしました。「シャツはパキスタン製《せい》、ズボンもパキスタン製《せい》、だから靴《くつ》もパキスタン製《せい》」

イクバルを迎《むか》えた人たちは、イクバルの手際《てぎわ》のよさにすぐに気づきました。イクバルは、どこへ行くにも、英国航空《こうくう》のフライトバッグを持っていきました。何もかもがきちんと整理整頓《せいとん》されていて、あるポケットにはホテルの鍵《かぎ》が、別のポケットにはペンが入っています。ベストを開けば、小さなポケットにペンが八本ずらっと並《なら》んでいます。まるで、上着の前を開けて中に並《なら》んでいる売り物の時計を見せる、街頭の商人みたいでした。イクバルは、話をするときに使おうと、じゅうたん作りの道具とペンを持ち歩いていました。ペンを持ち上げて、「子どもたちが持つのはこっちの道具です」と言い、次に、じゅうたん作りの道具を持ち上げて、「これは奴隷《どれい》が使う道具です」と言うのです。

盛大《せいだい》な授賞《じゅしょう》式が行われる二日前になると、さらに多くの受賞者がホテルに到着《とうちゃく》しました。ディナーの参加者は四十人に増《ふ》え、一行は、イクバルが最初で最後のピザを食べた、イタリアン・レストランの個室《こしつ》で食事をしました。ディナーのあと、ハイチから来た受賞者が歌を披露《ひろう》すると、別の受賞者も歌を歌い、イクバルも立ち上がって、自分の学校の校歌を歌いました。最後に、北アイルランドから来た受賞者が詩を朗読《ろうどく》しました。

授賞式《じゅしょうしき》前夜のディナーは、正装《せいそう》して参加するものでした。イクバルは白いシャルワール・カミーズ、赤いベスト、新しいリーボックのスニーカーという堂々とした姿《すがた》で現《あらわ》れ、テーブルからテーブルへと歩き、新しい友人たちにあいさつしました。食事の間じゅう、ハープが演奏《えんそう》されていました。イクバルはハープにひきつけられ、一曲終わるたびに近くまで行き、その美しい楽器を見つめていました。

シャロン・コーエンがリーボック賞受賞者についてのスピーチを始めました。

シャロンは、自分のスピーチの最後にイクバルを起立させてほしいとイクバルの隣《となり》の席の人に頼《たの》んでいました。けれども、スピーチの途中《とちゅう》、自分の名前が出てきたのを聞いて、イクバルは立ち上がって前に出て、シャロンの横に立ってしまいます。イクバルが真横に立ったまま、シャロンはスピーチを終えました。

聴衆《ちょうしゅう》の中に、ブランダイス大学の学長、ジヒューダ・ラインハーツがいまし

＊1 24ページを見よう。

た。シャロンの友人であるレナード・ファインは、イクバルにブランダイス大学の奨学金《しょうがくきん》を与《あた》えてはどうかと勧《すす》めました。ラインハーツは二つ返事で答えました。「そうしよう」。学長は、イクバルが十八歳《じゅうはっさい》になり、審査《しんさ》に合格《ごうかく》したら、喜んで大学の奨学金《しょうがくきん》を出すと発表したのです。いつか大学へ行けるのだと思うと、イクバルはわくわくし、学長に抱《だ》きつきました。

ついに授賞式《じゅしょうしき》の朝がやってきました。ノースイースタン大学の講堂《こうどう》の舞台裏《ぶたいうら》へ、人々が集まりました。警備員《けいびいん》は財団《ざいだん》スタッフのポーラを見つけると、ブロード・メドウズ中学校の生徒二名から預《あず》かった包みを渡《わた》しました。イクバルの訪問《ほうもん》に刺《し》激《げき》を受けた生徒たちは、近所の人たちに頼《たの》んで、児童労働に反対する手紙を六百五十六通書いてもらったのです。この手紙をパキスタンのベーナズィール・ブットー首相やアメリカのビル・クリントン大統領《だいとうりょう》、*1 上院議員や州議会議員たち、国連、地元に四十五軒《けん》あるじゅうたんを売る店に送る予定でしたが、まずイクバルに見てもらいたかったのです。

イクバルはすっかり興奮《こうふん》しました。みんなの心を自分が動かし、ブロード・メ

---

*1　11ページを見よう。

ドウズ中学校の友人たちが自分のために行動してくれたのです。児童労働を終わらせるため、みんなでいっしょに戦うのです。

イクバルがステージに上がると、俳優《はいゆう》のブレア・アンダーウッドがイクバルを紹介《しょうかい》しました。

「三千年前、何百年にも何千年にもわたって響《ひび》き渡《わた》る呼《よ》び声《ごえ》を聞いて、モ*1ーゼという名の男が大声で言いました。『わが民《たみ》を去らせよ！』と。けれど、ファ*2ラオが行かせてくれなかったので、イスラエル人たちは逃《に》げ出《だ》しました。ファラオに追われながら、紅海《こうかい》を横断《おうだん》し、奴隷《どれい》の身から自由の身となり、後世の人々が続く道を築《きず》いたのです。わたしたちの国では、血みどろの南北戦争のあと、ようやく自由を手に入れました。しかし、今日《こんにち》でも奴隷制度《どれいせいど》の残した傷《きず》があります……」

「イクバル・マシーは、リーダーであり、勇気を与《あた》えてくれる存在《そんざい》であり、偉《い》

＊1　古代イスラエルの指導者《しどうしゃ》。

＊2　古代エジプトの王様のこと。

大《だい》な人物です。われわれはイクバルにリーボック行動する《ユース・イン・アクション》若者賞を与《あた》えます」。イクバルの紹《しょう》介《かい》を、アンダーウッドはこんな宣言《せんげん》で締《し》めくくりました。

イクバルは誇《ほこ》らしげに、自信たっぷりにスピーチを行いました。

授賞式《じゅしょうしき》の翌日《よくじつ》、テレビのニュースで金曜日に放送される「今週の人」という番組のため、イクバルはインタビューを受けました。

イクバルが放送局の記者といっしょにケンブリッジを歩きまわっているあいだ、カーンはリーボックと事務《じむ》的な話をしていました。授賞式《じゅしょうしき》でもらった賞金は、イクバルの教育費に一万ドル、BLLFの運営資金《うんえいしきん》に一万五千ドルとなっ

▲イクバルと俳優《はいゆう》のブレア・アンダーウッド。

（写真提供：リチャード・ソウブル／リーボック人権財団）

ていました。

　カーンはイクバルのお金を管理するのをいやがりました。「お金は、イクバルがアメリカに来るまで持っていてください。できれば、イクバルのために投資《とうし》して、分けておいてください」と頼《たの》みました。財団《ざいだん》は、カーンがなぜそんなことにこだわるのか、そのときは理解《りかい》できませんでした。のちに、カーンがイクバルのお金を盗《ぬす》んでいるのではないかという疑《うたが》いをかけられていることを知り、ようやく納得《なっとく》できたのです。

　ついにパキスタンに帰るときが来ました。イクバルとカーンを空港へ送り届ける大きな白いリムジンがホテルに到着《とうちゃく》しました。財団《ざいだん》のスタッフはホテルの従業員《じゅうぎょういん》といっしょに、みんなで別れを告げました。ポーラは話します。「イクバルを最後に見たのは、車が走り出すとき、リムジンの後部座席《ざせき》にいる彼《かれ》がわたしたちのほうへ顔を向けていた姿《すがた》でした」

第十一章 パキスタンにもどって

「イクバルは家族にとても優《やさ》しい子だった。このあたりに用があるときは、いつも必ず立《た》ち寄《よ》ってくれたもんだ。」

アマーナト・マシー、イクバルの母方のおじ

イクバルはラホールのフリーダム・キャンパス[*1]に意気ようようともどりました。アメリカでのわくわくするような体験、どんな人たちに会ってどんな場所に行ったのか、クラスメートに話して聞かせました。カーンと約束したように、もらったプレゼントはみんなで分けました。それから、勉強にはげみ、工場で奴隷《どれい》のように働かされている子どもたちを自由にするという任務《にんむ》に打《う》ち込《こ》みました。外国へ行って世界じゅうの人たちからたたえられたことで、前よりも自信がついたのです。イクバルは友人たちに、雇《やと》い主《ぬし》にまさる力を得たことを自慢《じまん》しました。

「もう工場主なんてこわくない。今では向こうがぼくのことをこわがっているん

＊1　8・61ページを見よう。

だから」

「殺してやるぞ」という脅迫《きょうはく》が増《ふ》えましたが、イクバルは、ほかの子どもたちを解放《かいほう》する運動をやめようとはしませんでした。イクバルの運動の影響《えいきょう》で、地元のじゅうたん工場が数十軒《けん》、閉鎖《へいさ》に追《お》い込《こ》まれていました。カーンは言います。

「イクバルはとても勇気があった……想像《そうぞう》もつかないでしょうけれど。数千人もの子どもたちの解放《かいほう》をなしとげたのです」

イスラマバードじゅうたん輸出《ゆしゅつ》業者協会の会長は、同業者に「われわれの業界は被害者《ひがいしゃ》だ。手織《てお》りのじゅうたん作りに奴隷《どれい》や子どもを使っているという、うそや作り話を世界じゅうにばらまかれてしまった。そんなことはないし、あったこともない」と話し、BLLFとその支持者《しじしゃ》たちを「パキスタンのじゅうたん業界の評判《ひょうばん》を落とそうとしている、ユダヤ人やインド人といった商売敵《しょうばいがたき》の仲間だ」と非難《ひなん》しました。

パキスタン人権《じんけん》委員会の理事、I・A・レーマンは、このばかげた主張《しゅちょう》に対して、「こういった非難《ひなん》には根拠《こんきょ》がないし、大勢《おおぜい》いる目撃者《もくげきしゃ》の存在《そんざい》も無視《むし》しています。どこへ行こうと、笑いものになって終わりでしょう。子どもを奴隷《どれい》のように働かせていることは事実であり、ほんとうのことなのです」と答えました。

一九九五年四月十六日。復活祭《ふっかつさい》*1の休暇《きゅうか》の間、イクバルは故郷《こきょう》ムリドゥケに帰って、家族に会いました。「復活祭《ふっかつさい》を過《す》ごすため、イクバルはわたしたちに会いに帰ってきていたわ。そして、夕方、おじのアマーナトに会いに家を出ました」。イクバルの母、イナーヤト・ビービーがのちに語りました。「イクバルは、『ラホールで急ぎの用があるから、今日じゅうに帰らなくちゃいけないんだ』と言いました。わたしは引き止めようとしたけれど、息子《むすこ》は『母さん、毎日欠かさず薬を飲まなきゃならないんだ。飲《の》み忘《わす》れちゃだめなんだよ』と言《い》い張《は》りました。イーシャーン・ウラー・カーンが、背《せ》を伸《の》ばすための薬か何かを与《あた》えていたのです」

この薬は、スウェーデンの製薬《せいやく》会社が寄付《きふ》してくれた成長ホルモンだったようです（イクバルを支援《しえん》していたリーボック人権財団《じんけんざいだん》の人たちは、ホルモン治療《ちりょう》がこのときすでに成功のきざしを見せていたことを、あとになって知りました）。

*1 キリストの復活《ふっかつ》を記念して祝う行事。キリスト教徒にとっての最大の祝日。

イクバルの母方のおじ、アマーナト・マシーは、読み書きのできない農場労働者で、近くに住む地主から約三万二千平方メートルの土地を借りて耕《たがや》していました。妻《つま》と九人の子ども――息子《むすこ》が三人、娘《むすめ》が六人いました。

晩《ばん》の七時ごろ、イクバルはおじの家に着きました。アマーナトはこう話します。

「畑に水をまくため、おれは留守《るす》にしていたんだ。畑にはほかに小作人が二人いて、ひとりはアシュラフ、もうひとりはユースフ・フワーラー。二人の畑はおれの畑の隣《となり》で、彼《かれ》らも畑に水をまいていたよ」

しばらくして、アシュラフはアマーナトに「めまいがする」と言って、家にお茶を飲みに帰りました。

イクバルといとこのリヤーカト（アマーナトの息子《むすこ》）、その友人のファリャドは、アマーナトに夕飯を届けようと自転車に飛び乗りました。アマーナトは言います。「イクバルは、いつものようにおれに夕飯を届けに畑に向かう二人に会い、ラホールに帰る前におれに会おうと合流したんだ。ファリャドがペダルをこぎ、リヤーカトが荷台に座《すわ》り、イクバルはフレームの上に横向きに座《すわ》っていたそうだ」。畑へ向かう砂利道《じゃりみち》に人けはなく、道は平原のように広がっていました。

あの晩《ばん》、その場所には人ひとりおらず、車も通りませんでした。イクバルは自転車のフレームの上に座《すわ》っていました。パキスタンの人たちがよくやる乗り方です。突然《とつぜん》、三人はアシュラフに出くわしました。

銃声《じゅうせい》が鳴《な》り響《ひび》きました。ファリャドは腕《うで》を撃《う》たれ、イクバルは背中《せなか》とわき腹《ばら》を撃《う》たれました。イクバルは即死《そくし》でした。


アマーナトは言葉を続けます。「銃声《じゅうせい》が聞こえ、続いて息子《むすこ》のリヤーカトとファリャドの悲鳴《ひめい》が聞こえ、二人がおれに助けを求めにきたんだよ。ユースフといっしょに急いで駆《か》けつけると、イクバルが地面に倒《たお》れて血を流していたんだ。横におれのロバの荷車があった。隣人《りんじん》のシャダが飼葉《かいば》を運ぶのに借りていったものだ。ファリャドは腕《うで》を数か所撃《う》たれていたけど、リヤーカトは無傷《むきず》だった」

「子どもたちをイクバルのところに残して、アシュラフがやらかしたことを知らせようと、アシュラフの雇《やと》い主《ぬし》のザキとアリ・フセインのところへ急いだよ。ザキとアリ、ユースフ、おれとで、アシュラフを捜《さが》した。まず、アシュラフが住んでいる村に行ったら、アリの銃《じゅう》が見つかったけど、アシュラフの姿《すがた》はない。それから、フェロゼワラの警察署《けいさつしょ》へ行って、ファリャドの報告《ほうこく》にもとづいて調べが始まった。ファリャドが事件の目撃者《もくげきしゃ》だったからな。その間に警察《けいさつ》が現場検証《げんばけんしょう》をした」

イクバルの母親が息子《むすこ》の死を知ったのは、その日の晩《ばん》の九時か十時でした。友人たちに囲まれ、息子《むすこ》を失ったことを嘆《なげ》き悲《かな》しみました。母親は言います。「イクバルは年の割《わり》には背《せ》が低かったけれど、大人みたいな口のきき方をしました。立派《りっぱ》な人になったはずなのに」

イクバルは翌日《よくじつ》、マシー家に近いキリスト教墓地《ぼち》のすみに埋葬《まいそう》されました。突《とつ》然《ぜん》の知らせだったにもかかわらず、葬儀《そうぎ》には八百人が参列しました。その中には国際的《こくさいてき》なジャーナリストもいました。イクバルは「児童労働をなくす運動の犠牲《ぎせい》者《しゃ》」だとみなされました。

葬儀《そうぎ》のあと、イクバルの家族はイクバルが殺された場所に足を運びました。イクバルの思い出に、自分たちが失ったもののシンボルとして、レンガを置きました。

三千人以上の人たちがラホールの通りで抗議《こうぎ》のデモを行い、そのほとんどが子どもたちでした。亡《な》きイクバルのために、子どもの奴隷《どれい》労働を終わらせてほしいと訴《うった》えました。

＊1ベーナズィール・ブットー首相は「不法行為《こうい》」に終止符《しゅうしふ》を打つよう呼《よ》びかけ、イクバルの家族に特別手当を支払《しはら》うよう命じ、児童労働のために戦うことを誓《ちか》いました（しかし、特別手当は支払《しはら》われることはなく、ブットー政権《せいけん》が取った行動もごく限《かぎ》られたものだけでした）。

国連人権《じんけん》委員会の会議の開会式で、イクバルと「現代《げんだい》の奴隷《どれい》労働の被害者《ひがいしゃ》すべて、特に子どもたち」のために一分間の黙禱《もくとう》が捧《ささ》げられました。

イーシャーン・ウラー・カーンは記者会見の席で「疑《うたが》う余地《よち》などない。イクバルに敵《てき》はひとりしかいなかったのははっきりしている――じゅうたんマフィア＊2だ」と言いました。イクバルの死の四日後、カーンはヨーロッパへ飛び、ほかの

＊1　97ページを見よう。

＊2　本来は、イタリアのシチリア島で生まれた犯罪《はんざい》組織《そしき》のこと。一般《いっぱん》に、暴力的《ぼうりょくてき》犯罪組織《はんざいそしき》や、ならず者の集団《しゅうだん》を指す言葉としても使われる。

活動家たちと話し合って、子どもたちの手で作られた製品《せいひん》、特にじゅうたんの輸入《ゆにゅう》や販売《はんばい》を禁止《きんし》するよう、国連人権《じんけん》委員会に求めました。「わたしは輸入《ゆにゅう》業者や消費者に訴《うった》えたい。子どもたちが作ったじゅうたんを買わないでほしい。買わないだけでいい。これがイクバルからの最後のメッセージです。世界のどこに住む人であろうと、子どもたちの作る製品《せいひん》を買い続けていたら、イクバルが流した血や、イクバルとの思い出を侮辱《ぶじょく》することになります」

警察《けいさつ》は「イクバル・マシーには敵《てき》はいなかった。イクバルはじゅうたんマフィアの標的《ひょうてき》になったのではない」という、カーンが示《しめ》した考えとはまったく異《こと》なる報告《ほうこく》をまとめました。

小さな土地を持つ地主とその小作人が逮捕《たいほ》されました。政府《せいふ》は、殺人は行きずりのものだったという結論《けつろん》を下しました。

第十二章　だれがイクバルを殺したのか？

「イクバルに会ったことなんかない。あんときはすっかりあわてちまって、撃《う》っちまったんだ。おれはただの貧乏人《びんぼうにん》さ。金持ちのやつらのことはあまり知らないし、じゅうたんメーカーに知り合いなんていない。親父とおふくろはきつい仕事をしながら、おれを育ててくれたんだ。おれを雇《やと》っているのは金持ちじゃないし、畑を耕《たがや》しているだけだ。じゅうたん業界とは何の関係もない。警察《けいさつ》にも同じことを話したよ。

アシュラフ」

アシュラフは、イクバルのおじ、アマーナトの畑の隣《となり》で働いていました。アシュラフの家族はとても貧乏《びんぼう》でした。父親は目が不自由で、弟は路上で物を売っていました。土地を耕《たがや》すほかに、トラクターの運転もできましたが、運転免許証《めんきょしょう》は持っていませんでした。

イクバルが殺された晩《ばん》、アシュラフは畑を後にすると、近くの集会所に行きました。そこで、アマーナトの隣人《りんじん》のシャダから、アマーナトから借りたロバの荷車を返しておいてほしいと頼《たの》まれました。集会所にはアシュラフの雇《やと》い主《ぬし》、アリの銃《じゅう》がおいてあり、アシュラフはその銃《じゅう》を持って出ました。

アシュラフは、ロバの荷車に乗って、人けのない砂利《じゃり》道《みち》を進みました。マリファナ（麻《ま》薬《やく》の一種）を吸《す》って気分が高ぶっていたため、荷車を止めて降《お》りると、ロバを相手によからぬことを始めました。ちょうどそのとき、三人の少年が自転車に乗って通りをやって来ました。リヤーカトは父親のロバと荷車に気がつきました。「子ども三人が自転車に乗ったまま、おれのことをあれこれ言うんだ。銃《じゅう》を取って、撃《う》ったら、イクバル・マシーに当たってしまった」

当時、アシュラフはイクバルのことを知らなかったと言います。「イクバル・マシーが倒《たお》れてしまったんで、おれは銃《じゅう》を持ったまま集会所まで走って逃《に》げた。一時間半ほど隠《かく》れてから、銃《じゅう》を置いて逃《に》げた」

イクバルの命を奪《うば》った銃《じゅう》の持ち主だったため、アシュラフの雇《やと》い主《ぬし》、アリが逮《たい》捕《ほ》されましたが、のちに釈放《しゃくほう》されました。

以上のような、イクバル殺害に関するいきさつは、パキスタン人権《じんけん》委員会が行った独自《どくじ》の調査《ちょうさ》からの引用です。しかし、年月がたつにつれ、当事者たちの供述《きょうじゅつ》は何度も変わりました。

◆調査《ちょうさ》

イクバル殺害をめぐる情報《じょうほう》や説明がころころ変わる中、リーボック人権財団《じんけんざいだん》のスタッフは実際《じっさい》のところどうだったのか、何とかして知ろうとしました。「いろいろな情報《じょうほう》が入《い》り乱《みだ》れていたので、真実を追求するのは本当に大変でした。パキスタンのBLLFのだれかがスウェーデンに送った情報《じょうほう》が、スウェーデンを経由《けいゆ》してわたしたちに届くといったありさまだったのですから」と、ポーラ・ヴァン・ゲルダーは話します。リーボック人権財団《じんけんざいだん》や国際的《こくさいてき》な人権保護団体《じんけんほごだんたい》は、イクバルの死について、徹底的《てっていてき》な独自《どくじ》調査《ちょうさ》を要求しました。イクバルが埋葬《まいそう》される前に検死《けんし》＊1が行われていました。報告書《ほうこく》には、犯行《はんこう》に関《かか》わる供述《きょうじゅつ》や、イクバルの体のどこに傷《きず》があったかを示《しめ》す図などが載《の》せられていましたが、イクバルがどうやって、なぜ殺されたのかという結論《けつろん》を下すのに十分なデータではありませんでした。リーボック人権財団《じんけんざいだん》の要請《ようせい》で、「人権《じんけん》のための医師団《いしだん》」＊2の法医学の専門家《せんもんか》が派遣《はけん》され、検死報告《けんしほうこく》を検証《けんしょう》しましたが、「検死報告《けんしほうこく》と警察《けいさつ》の報告《ほうこく》には多くの疑問《ぎもん》が残されている」と結論《けつろん》づけました。五十以上の政府《せいふ》や人権保護《じんけんほご》団体《だんたい》が、警察《けいさつ》の捜査《そうさ》を非難《ひなん》しました。

警察《けいさつ》が信用できないため、独立《どくりつ》した非政府組織《ひせいふそしき》である、パキスタン人権《じんけん》委員会（ＨＲＣＰ）は、独自《どくじ》の調査《ちょうさ》を行います。委員会は、犯行《はんこう》を認《みと》めたアシュラフや、イクバルの家族に会って話を聞きました。しかし、イクバルの母親を含《ふく》めた全員が、じゅうたん業界はイクバルの悲劇的《ひげきてき》な死とは何の関係もないと証言《しょうげん》しました。もともとパキスタン人権《じんけん》委員会と債務労働解放戦線《さいむろうどうかいほうせんせん》（ＢＬＬＦ）の関係はあまり友好的ではなく、リヤーカトとファリャドはそのころＢＬＬＦ本部に身を寄《よ》せたばかりで、ＨＲＣＰには何も話すなとＢＬＬＦに言われていたのです。

＊1　遺体《いたい》の状況《じょうきょう》を調べ、死因《しいん》などを判断《はんだん》すること。

＊2　アメリカに本部を置く、人権《じんけん》擁護《ようご》を目的とした国際的《こくさいてき》なＮＧＯ（非政府組織《ひせいふそしき》）。

聞き取り調査《ちょうさ》の内容《ないよう》をよく検討《けんとう》したパキスタン人権《じんけん》委員会は、アシュラフが単《たん》独《どく》で犯行《はんこう》を行ったという結論《けつろん》を出し、じゅうたんメーカーは殺人には何の関係もないとしました。この結論《けつろん》を受け、パキスタン人権《じんけん》委員会とBLLFの間のみぞはさらに深まりました。BLLFは依然《いぜん》として、イクバルの死はじゅうたんメーカーが引き起こしたものであると信じていました。

HRCPの報告後《ほうこくご》、アシュラフは自白を取り下げました。イクバルの母親はラホールにあるBLLFの事務所《じむしょ》に身を寄《よ》せると、息子《むすこ》の死についての意見を変えました。児童労働をなくす運動をしている人たちは、行きずりの殺人だったというのは、じゅうたん業界を守るためにでっち上げられたものだと信じています。

◆予期せぬ影響《えいきょう》

イーシャーン・ウラー・カーンの公式な申し立てののち、欧米諸国《おうべいしょこく》はじゅうたんの注文をキャンセルし始め、その額《がく》は何億円にもなりました。世界じゅうの子どもたちがイクバルの主張《しゅちょう》の下《もと》に団結《だんけつ》しました。*2 ブットー首相がスウェーデンの

---

*2 97ページを見よう。

ストックホルムを訪問《ほうもん》した際《さい》、小学生たちがパキスタン大使館の前で児童労働に抗議《こうぎ》しました。パキスタン人の職員《しょくいん》は「輸出品《ゆしゅつひん》が子どもたちの手で作られたのではないと証明《しょうめい》してほしいと、こんなにも大勢《おおぜい》に求められたことはありません」と話します。じゅうたんメーカーの中には、大きな損害《そんがい》を受けることを心配して、反撃《はんげき》に出る者もいました。イーシャーン・ウラー・カーンとＢＬＬＦが、自分たちを殺人事件《じけん》に巻《ま》き込《こ》んで、イクバルの悲劇《ひげき》を利用しようとしているのだというのです。

彼《かれ》らは、「カーンはイクバルのお金を取った」と主張《しゅちょう》しました。そして、ＢＬＬＦは「誤《あやま》った情報《じょうほう》を流して国の利益《りえき》に害をもたらしている」として、政府《せいふ》に「適切《てきせつ》な」行動を取るよう要求しました。

まだヨーロッパに留《とど》まっていたカーンは、反政府的《はんせいふてき》な動きをあおり、パキスタンに対して経済《けいざい》戦争をしかけたとして罪《つみ》に問われました。有罪《ゆうざい》となれば死刑《しけい》になる罪《つみ》です。警察《けいさつ》がＢＬＬＦの事務所《じむしょ》に踏《ふ》み込《こ》み、書類や備品《びひん》が押収《おうしゅう》され、二人が逮捕《たいほ》されました。ひとりはボランティアのスタッフ、もうひとりは会計士です。

弁護士《べんごし》でさえも、逮捕《たいほ》された二人と話すことが禁《きん》じられましたが、アムネスティ・インターナショナル*1が逮捕《たいほ》に抗議《こうぎ》して、ようやく釈放《しゃくほう》されました。

地元の新聞は、じゅうたん職人《しょくにん》たちは平均的《へいきんてき》な市民よりもいい生活を送っていると断言《だんげん》しました。「じゅうたん作りをしている子どもはわずかで、その子たちでさえ、学校が終わったあと自分たちの家で、両親に温かく見守られながら作業を行っている」というのです。

◆時が流れ……

一九九六年十二月十日、インド最高裁判所《さいばんしょ》は、政府《せいふ》と、児童労働法を犯《おか》した雇《こ》用者《ようしゃ》に対し基金《ききん》*2の創設《そうせつ》を命じました。働く子どもたちに義務《ぎむ》教育を受けさせるのに必要な資金《しきん》を集めるためです。さらにこの基金《ききん》を使って、家族の中で、子どもではなく大人が働けるように、仕事を提供《ていきょう》するプログラムが進められました。

それから一年もたたない一九九七年十月十日、アメリカ合衆国大統領《がっしゅうこくだいとうりょう》*3ビル・クリントンは、児童労働によって作られた製品《せいひん》の輸入《ゆにゅう》を禁《きん》じる法案に署名《しょめい》し、法律《ほうりつ》

---

*1　人権擁護《じんけんようご》を目的とした国際的《こくさいてき》な民間組織《そしき》。

*2　ある目的のために積《つ》み立《た》てたり準備《じゅんび》したりしておく資金《しきん》のこと。

*3　11ページを見よう。

を制定《せいてい》させました。

現在《げんざい》、ラグマークのほかに、六つの新しいラベルが使われています。さらに、国際的《こくさいてき》な取引をしているじゅうたん会社の多くが自分たちで調査官《ちょうさかん》を雇《やと》い、じゅうたんを作る家族や工場の織機《しょっき》を監視《かんし》しています。けれども、はたして不正行為《こうい》をなくすのに、こうした監視《かんし》やラベルだけで十分なのだろうか、という不安は残っています。

イクバルの死をめぐって、今も、記事や映画《えいが》、インターネットなどで新しい申し立てや説明がなされています。はたして、わたしたちはいつか真実を知ることができるのでしょうか？　それとも、ケネディ大統領《だいとうりょう》暗殺のように、真実をめぐって永遠《えいえん》に論争《ろんそう》が続くのでしょうか？

イクバル殺害の真相は今も謎《なぞ》のままです。けれども、今も奴隷《どれい》労働をしいられている子どもたちがいるのは事実なのです。

＊1

＊1　ジョン・F・ケネディは第三十五代アメリカ合衆《がっしゅう》国大統領《こくだいとうりょう》。一九六三年に遊説先《ゆうぜいさき》のテキサス州で狙撃《そげき》を受け、暗殺された。その死をめぐっては多くの謎《なぞ》が残されている。

第三部

新しい希望

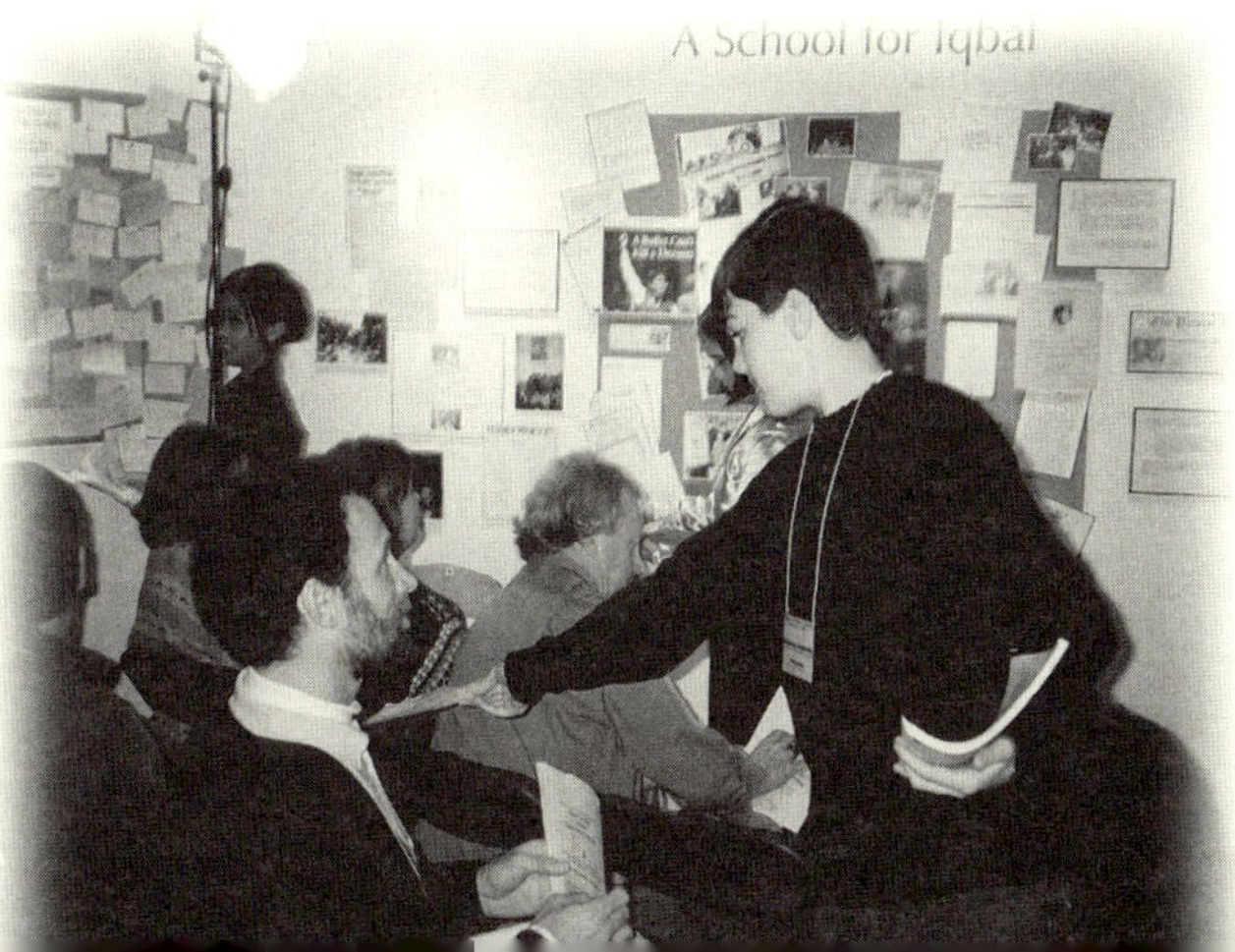

第十三章　イクバルの学校

その日、お父さんが電話をかけてきて、うちの学校の生徒のだれかが亡《な》くなったと言いました。ぼくが「だれ？」と聞くと、お父さんは『よくわからないけれど、イクバルっていう名前の子だって』と言いました。まさか。そんなことあるはずない！友だちに電話をしたら、友だちも悲しみました。ぼくも悲しくなりました。家を出て、海岸まで歩いて、岩をいくつか飛び越《こ》えました。涙《なみだ》がこぼれそうになるのに気がついて、こらえようとしたけれど、こらえきれませんでした。ぼくは学校で、手紙と絵でこの気持ちを表現《ひょうげん》してみました。イクバルの死に関する調査《ちょうさ》や、パキスタンの子どもたちの学校を建てるのに役に立てられればいいと思います。

ディディエ・アルサー、十三歳《じゅうさんさい》、
ブロード・メドウズ中学校の生徒

イクバルが死んだのは、アメリカ・マサチューセッツ州[*1]クインジーにあるブロード・メドウズ中学校を訪問《ほうもん》してから、ほんの四か月半後のことでした。生徒たちは春休みちゅうでした。日曜日の夜のニュースで、イクバルが撃《う》たれて死んだことを知ったとき、だれもが耳を疑《うたが》い、ショックを受けました。生徒たちは電話をかけあいました。「聞いた?……ありえない……子どもを撃《う》つなんて……はっきり意見を言っていたから撃《う》たれたの?」

翌日《よくじつ》、たくさんの生徒たちが学校に集まりました。イクバルを子どもたちに会わせようと彼《かれ》を招待《しょうたい》した教師《きょうし》のロン・アダムズは、陸上競技《きょうぎ》のコーチでもありました。春休みちゅうも毎日練習を行っていましたが、その日は陸上競技《きょうぎ》の練習を中止して、悲しむ生徒たちのために教室を開放しました。アダムズは言います。「子どもたちは怒《おこ》っていました。激《はげ》しく憤《いきどお》っていました。イクバルの殺害は子ど

*1 8ページの地図を見よう。

もたちに大きな影響《えいきょう》を与《あた》えたのです。たった一回、一日しか会っていないのに、イクバルは彼《かれ》らのシンボルとなっていました。イクバルの声とメッセージはみんなの心に深くふれていたのです。子どもはだれでも自由であるべきで、学校へ行くべきだというイクバルのメッセージを、銃弾《じゅうだん》で封《ふう》じ込《こ》めてはならないと生徒たちは思ったのです」

生徒たちは輪《わ》になって一分間の黙禱《もくとう》を行い、イクバルやイクバルの家族、そしてイクバルのような身の上にあるほかの子どもたちのために、それぞれの言葉で短い祈《いの》りを捧《ささ》げました。みんなはどうしたらいいかわかりませんでした。アマンダ・ルースという生徒は「あまりのショックに打ちのめされていました」と言います。教師《きょうし》も同じように感じていました。アダムズは自分に問いかけました。「子どもが言いたいことをはっきり言っただけで口を封《ふう》じられるのか？　これがわたしたちの世界なのか？」と。

ただ怒《おこ》るだけでなく、何か前向きなことをしなければならないと、アダムズにはわかっていました。「一番いいのは、発散することでした。こうやってみんなと会って話すことで、子どもたちは怒《いか》りをぶちまけることができました。けれども、自分たちは何をしたらよいのかという問いに対する答えは見つからないままでした」

生徒のひとり、カレン・マリンが言いました。「わたしたち、イクバルと約束したわ。最後まで戦って、子どもたちを自由にするって。助けてくれるイクバルはもういないけど……何かほんとうに大きなことに挑戦《ちょうせん》しなければいけないんじゃないかしら。イクバルが死んでしまった今だからこそ」

最初に行ったのは、イクバル殺しの真相を明らかにするため、独自《どくじ》の調査《ちょうさ》を求める嘆願書《たんがんしょ》に署名《しょめい》を集めることでした。「正義《せいぎ》のために力を尽《つ》くそう。やったのがだれであれ、そいつを捕《つか》まえよう」。街角に立った子どもたちは、通りを行く人々が立ち止まって、自分たちの話に耳を傾《かたむ》けてくれるのに驚《おどろ》きました。見知らぬ人が嘆願書《たんがんしょ》に署名《しょめい》をしてくれました。お金を寄付《きふ》してくれようとした人もいましたが、生徒たちはお金を受け取ろうとしませんでした。お金を集めていたわけではないからです。けれども、その人はこう言いました。「嘆願書《たんがんしょ》に署名《しょめい》を集めたら、そのあと、もっといろいろなことをすることになるだろうから、このお金はそのときのために取っておきなさい」

その言葉に、生徒たちは喜びました。大人の多くは、イクバルのことを知りませんでした。だから、署名《しょめい》運動を通じて、イクバルのことをたくさんの人に知ってもらえます。

翌週《よくしゅう》、再び学校が始まりました。生徒たちは、嘆願書《たんがんしょ》をどうするべきか話し合いました。アダムズは言います。「わたしたちはアムネスティ・インターナショナル*1に送ることに決めました。アムネスティなら、政府《せいふ》の指導者《しどうしゃ》に嘆願書《たんがんしょ》を届けることができると思ったからです。アムネスティが真剣《しんけん》に受け止めてくれることを願いましたが、その通りになりました。

嘆願書《たんがんしょ》は送りましたが、それだけでは十分ではないとわかっていました。生徒たちはさらに手紙を書くことにしました。けれど、それでもまだ何か足りなかったのです」

アダムズは紙を配ると、生徒たちに言いました。「五分間考えてごらん。おし

*1 173ページを見よう。

ゃべりしないで、ただ考えてごらん。ほかにどんなことができるだろうかって」

回収された紙のうちの六枚《ろくまい》か七枚《ななまい》に、「イクバルの思い出として、パキスタンに学校を建てる」と書かれているものがありました。アダムズがそれを読み上げたとき、生徒たちの頭にパッと明かりがともりました。「それだ！」「それだ！」「イクバルも話していたよ、教育は大切だって。子どもは学校に行くべきで、鎖《くさり》で織機《しょっき》につながれたりしちゃいけないんだって」「それだよ！」

アダムズは考えました。よその国に学校を建てるなんて、そんなにかんたんなことじゃない。それも、南アジアの小さな町や村に学校を建てるなんて……。

そう思いながらも、アダムズは黙《だま》っていました。生徒たちの夢《ゆめ》をしぼませたくなかったからです。

生徒たちはお互《たが》いにアイデアを出し合いました。最初の目標は、お金を集め、イクバルの思い出となる学校を建てること。次の目標は、みんなの意識《いしき》を高めること。まだ多くの国で、数え切れないほどの子どもたちが、かつてのイクバルのようなひどい状態《じょうたい》で無理やり働かされているのだということを、人々に知ってもらうのです。

教室じゅうをアイデアが飛《と》び交《か》いました。

「ぼくたちがやろうとしていることを、アメリカ政府《せいふ》から、児童労働が法律《ほうりつ》で禁《きん》止《し》されていない国の政府《せいふ》に伝えてもらおう」

「お金を送りたいという人が現《あらわ》れたらどうする?」

「じゃあ、銀行に口座《こうざ》を開こう」

「大勢《おおぜい》の子どもたちに協力してもらわないと」

生徒たちはこんなことも言いました。「パキスタンの人たちと協力しあおう。そうしないと、まるで、アメリカ人が集団で押《お》しかけて、パキスタンの人たちに子どもたちの育て方を教えてあげるみたいになってしまう。ぼくたちはそういうことをしたいんじゃない。パキスタンの人たちと友情《ゆうじょう》の橋を築《きず》きたいんだ」

奴隷《どれい》のように働かされる子どもをなくすために一番重要なのは教育であることについては、専門家《せんもんか》の意見は一致《いっち》しています。けれども、大勢《おおぜい》の子どもたちを教えるのに十分な学校がありません。田舎《いなか》ではなおのことです。*1 ユニセフの調査《ちょうさ》によれば、教育の普及《ふきゅう》を一段《いちだん》と難《むずか》しくしているのは、多くの発展途上国《はってんとじょうこく》における学校のカリキュラムが「形式ばっていて、退屈《たいくつ》である」ことが原因《げんいん》とのことでした。学校へ行って退屈《たいくつ》したり、体罰《たいばつ》を受けたりするくらいなら、働いて家族を助けるほうがましだと、多くの子どもたちが言っています。

そうしたさまざまな困難《こんなん》が予想されても、ブロード・メドウズ中学校の生徒たちはくじけたりはしませんでした。アイデアがまとまると、すぐに行動に移《うつ》りました。生徒たちは放課後《ほうかご》に学校に残って、三十六の州の三十六の中学校へEメールでメッセージを送り、手伝ってくれるよう頼《たの》みました。こうして、イクバルの学校を作るための子どもたちの運動《ザ・キッズ・キャンペーン・トゥ・ビルド・ア・スクール・フォー・イクバル》が誕生《たんじょう》しました。

その晩《ばん》、二人の生徒がじゅうたんを売っている地元の店のうち何軒《なんけん》かに電話をして、児童労働で作られたじゅうたんを売っているかどうか聞きました。二人はののしられ、「おまえらには関係ない」と言われました。二人は、店の人たちが自分たちと話したがらないのは、売り上げに影響《えいきょう》するからだろうと考えました。

---

*1 14ページを見よう。

二人のうちのひとり、十二歳《じゅうにさい》のマイケル・ギボンズはもう一度電話をかけました。「関係なくなんかない。これはだれもが関係していることなんだ」

別の二人の生徒はエドワード・ケネディ上院議員に手紙を書いて、自分たちがやろうとしていることを説明し、援助《えんじょ》を求めました。＊1 市長にも手紙を書き、市の建物用にじゅうたんを買うときの方針《ほうしん》について質問《しつもん》しました。

翌朝《よくあさ》、生徒たちはいつもより早く学校に駆《か》けつけました。「何か反応《はんのう》があった？」「返事は来ている？」。アダムズは、昨日の午後メールを送ったばかりじゃないか、と思いましたが、何も言いませんでした。生徒たちが確《たし》かめると、返事が十二通届いていました。メールにはこう書いてありました。「手伝うよ。何をしたらいい？」

市長のジェームズ・シーツは生徒たちの質問《しつもん》にすぐに返事をくれました。「これまで特に方針《ほうしん》というものはなかったけれど、これからはある！」と。

アン・マリー・ズカウスカス校長は、地元の銀行へ行って生徒たちが取り組んでいることを説明しました。銀行はこの上なく協力的で、「イクバルの学校」と

＊1 145ページを見よう。

いう名義《めいぎ》の口座《こうざ》を作ってくれました。

エドワード・ケネディ上院議員は、かつて児童労働をしていたイクバル・マシーという名前の子どもを追悼《ついとう》するために、パキスタンに学校を建て、児童労働反対運動を支持《しじ》するという声明を出しました。ケネディ議員は、政府《せいふ》の連絡係《れんらくがかり》の役を務《つと》め、パキスタン政府《せいふ》と連絡《れんらく》を取り始めました。そしてブットー首相の閣僚《かくりょう》のひとりに手紙を手渡《てわた》すよう、パキスタンにあるアメリカ大使館に手配しました。＊2手紙には子どもたちがやろうとしていることが説明してありました。パキスタン政府《せいふ》からは、書面ではありませんでしたが、「あなたたちの運動を歓迎《かんげい》します」という、すばらしい返事をもらいました。

こうして、三日もしないうちに、インターネット上で、イクバルの学校を建てるための運動が始まりました。

計画がうまくいくかどうかは、生徒たちにかかっていました。毎日遅《おそ》くまで学校に残って、アメリカじゅうの中学校へEメールを送りました。自分たちが何をしているのか教え、ケネディ上院議員やパキスタン政府《せいふ》もこの運動を知っていて

＊2　97ページを見よう。

歓迎《かんげい》していること、寄付金《きふきん》を受け付ける銀行口座《こうざ》があることも伝えました。ロン・アダムズは言います。「生徒たちはほかの中学校に、児童労働についてもっと学んでくれるよう求めました。話を聞いた生徒たちがわたしたちの運動を手伝いたいと思えば、この話をほかの中学校にも広めるか、十二ドルを寄付《きふ》して、わたしたちが学校を建てるのを手伝ってくれればよいのです」

なぜ十二ドルなのでしょう。それは、十二という数字がシンボルだったからです。イクバルを奴隷《どれい》労働者として売《う》り渡《わた》したときに父親が借りた金額《きんがく》がドルに換算《かんさん》して十二ドルで、イクバルが死んだときの年齢《ねんれい》が十二歳《じゅうにさい》でした。

▲ イクバルの学校建設《けんせつ》のために力を尽《つ》くす生徒たち。

（写真提供：ロン・アダムズ）

アムネスティ・インターナショナルの代表、リック・ロスは生徒たちを助けようとウェブサイトを立ち上げました。＊1

池の水面に広がる波紋《はもん》のように、話は少しずつ広がっていきました。ある中学校が別の中学校へ伝えると、そこから次の学校へ、さらに次へと伝わっていったのです。世界じゅうの青少年たちがウェブサイトを見て、お金を送り、自分たちの国の首相や大統領《だいとうりょう》に手紙を書きました。お金を作るために、車を洗《あら》ったり、バザーを行ったりしました。

校長先生の許可《きょか》を得て、ブロード・メドウズ中学校のカフェテリアが本部となりました。生徒たちは、毎日ホームルームの前に、ほかの学校から届いた大量のEメールに返事を書きました。まる一年間、寄付《きふ》をしてくれた人たち一人一人にお礼状《れいじょう》を書き続けました。切手代を払《はら》うために別の資金《しきん》を集めなければならないほどでした。

二年後には、アメリカの五十州すべてと二十七か国の、合わせて三千の学校や

＊1　173ページを見よう。

若者《わかもの》のグループがこの運動のメンバーとなり、十四万六千ドル以上が集まりました。そのうち一口十二ドルの寄付《きふ》は合計十二万七千ドルとなりました。リーボックは、イクバルの教育資金《しきん》にあてる予定だった一万ドルに二千ドルを足して、プロジェクトに寄付《きふ》しています。労働組織《そしき》や、女優《じょゆう》のジェイミー・リー・カーチスやトゥルーディ・スタイラーといった著名人《ちょめいじん》のほか、この運動に関心を持った二十四か国の大人たちも寄付《きふ》してくれました。

R《アール》．E《イー》．M《エム》．のボーカルのマイケル・スタイプや、エアロスミスが、学校に手紙を送ってきました。ロン・アダムズは言いました。「面白《おもしろ》いですよね。ティーンエージャーがロックスターからファンレターをもらうんですよ」

お金が集まると、次に問題となったのはそれをどう使うか、ということでした。生徒たちは、子どもたちのために活動している三百以上の人権保護《じんけんほご》団体《だんたい》に、お金の使い道についてのアイデアを求める手紙を出しました。手紙の返信から、地元パキスタンのスダールというグループが自分たちのパートナーにふさわしいと判断《はんだん》しました。なぜなら「自分たちに一番似《に》ていたから」です。

スダールとは、ウルドゥー語で〈啓蒙《けいもう》〉*1とか〈改善《かいぜん》すること〉を意味し、地域《ちいき》と結びついた小さな草の根の団体《だんたい》でした。メンバーは奴隷《どれい》労働をしている子どもたちの問題をよく理解《りかい》していて、具体的な解決策《かいけつさく》も考えていました。奴隷《どれい》労働をしていた子どもたちのための学校をすでに建てていて、人権保護団体《じんけんほごだんたい》の間で評価《ひょうか》を得ていました。一番重要だったのは、スダールが、イクバルが生まれ、売られ、殺されたパンジャブ州*2で評価《ひょうか》が高かったことでした。

スダールは仕事に取りかかり、ある事務所用《じむしょよう》ビルを改造《かいぞう》してイクバルの学校にしました。だれもが協力し、地域《ちいき》のメンバーが人手や物資《ぶっし》、お金を提供《ていきょう》しました。

リーボック人権財団《じんけんざいだん》のダグ・カーンは、パキスタンに出張《しゅっちょう》したときにイクバルの学校を訪《おとず》れました。カーンはこう語っています。

「カスール*3の町で一番大きくて活気のある商店街のわきにある、狭《せま》い路地を歩いていきました。路地の両側の建物にあるドアが開いていて、羊毛から糸をつむいでいるのが見えました。子どもたちが働いていることに気づかないわけにはいきませんでした。どこを見ても働く子どもたちがいました。子どもを働かせること

---

*1　知識《ちしき》のない人々に正しい知識《ちしき》を与《あた》え、教え導《みちび》くこと。

*2　8ページの地図を見よう。

*3　8ページの地図を見よう。

▲パキスタン・カスールにある、イクバルの学校の生徒たち。
（写真提供：スダールおよびブロード・メドウズ中学校）

で経済《けいざい》が成り立ち、何世代にもわたってそうした暮《く》らしを続けてきた土地のど真ん中に、この学校はあるのです。

この学校があるのは、地域《ちいき》のサポートのおかげです。並外《なみはず》れて有能《ゆうのう》なパキスタンの人々だからこそ、それができたのです。本当に驚《おどろ》くべきことです。

路地を右に曲がり、ドアを開けました。その建物が学校だったのです。たたずまいはごく質素《しっそ》で、左側に小さな事務所《じむしょ》と中庭、それに教室が四つありました。時間帯によって、やってくる生徒はちがいますが、どの教室もいつも生徒たちでいっぱいです。勉強している子どもたちはみな笑顔《えがお》でした」

現在《げんざい》スダールは、リーダーであるファワド・カーン*の下で、母親たちにも教育を受けさせようとしています。教育が子どもたちにいかに希望を与《あた》えるか理解《りかい》してもらうためです。工場主たちの意識《いしき》さえも、少しずつ変化しています。

学校へ通う子どもたちの多くはまだ工場で働いていますが、工場主は子どもたちが学校へ通うことを許可《きょか》しています。子どもたちは、一日に十四時間働くのではなく、八時間から十時間働いて、二時間か三時間は学校に来ています。

---

* イーシャーン・ウラー・カーンとは無関係。

イクバルの学校の近くになめし革工場《がわこうじょう》があります。子どもたちはそこで働いてから学校へやってきます。子どもたちの服は最初、工場の仕事のせいでひどく汚《よご》れていました。それを見た学校の職員《しょくいん》が工場主に頼《たの》み、子どもたちのためにシャワーを取り付けてもらいました。ささやかな勝利ですが、重要なことでした。

リーボック人権財団《じんけんざいだん》のダグ・カーンは言います。「学校は、そこに通っている三、四百人の子どもたちの希望を象徴《しょうちょう》しているだけでなく、ひとつのモデルとしての役割《やくわり》を果たしています。ほかにもこういった施設《しせつ》が作られる可能性《かのうせい》があるのです。それを心から実感しました」

リーボック人権財団《じんけんざいだん》は、ブロード・メドウズ中学校の生徒たちに行動する若者賞《ユース・イン・アクション》を与《あた》えました。イクバルが受賞したのと同じ賞です。

イクバルはたぐいまれな子どもで、ほんとうのヒーローでした。正々堂々と意見を言えば、人のためになることができるという見本です。イクバルとその仲間たちは、世界じゅうの人たちがいっしょに協力し合えば、変化をもたらすことができるということを示《しめ》しました。

イーシャーン・ウラー・カーンの勇気と決意がなかったら、イクバルの話はだれにも聞いてもらえなかったでしょう。国際的《こくさいてき》な人権保護団体《じんけんほごだんたい》の支援《しえん》がなかったら、BLLFはつぶされてしまったでしょう。BLLFとリーボック人権賞《じんけんしょう》がなかったら、イクバルがアメリカやヨーロッパの子どもたちに会うことはなかったでしょう。アメリカの子どもたちがいなかったら、イクバルの学校が建てられることはなかったでしょう。スダールのような地域《ちいき》に根付いた団体《だんたい》がなければ、イクバルの学校はうまくいかなかったでしょう。わたしたちはみんな、お互《たが》いに助け合わなければならないのです。

この本はこれで終わりではありません。さあ、今度はわたしたちが立ち上がるときです。だれもがイクバルの言葉を叫《さけ》ぶことができるように。「ぼくたちは自由だ！」と。

◉作者の覚え書き

この本が出る数年前、リーボック人権財団《じんけんざいだん》は、一人のすばらしい少年に会わせるためにわたしをボストンに招《まね》きました。少年の名はイクバル・マシー。そのころわたしは、ニューヨークを訪《おとず》れている人権活動家《じんけんかつどう》たちに次々と会ってインタビューを重ねているところでした。わたしは、イクバルはまだ若《わか》いし、彼《かれ》が今の活動を続けているかぎり、話をする機会はこの先いくらでもあるだろう、と考えていたのです。しかし、その誤《あやま》った見通しのせいで、わたしはイクバルと会う機会を永久《えいきゅう》に失ってしまったのです。

イクバルの悲劇的《ひげきてき》な死ののち、彼《かれ》の友だちで、共にリーボック人権財団《じんけんざいだん》の賞を受賞した中国のリー・ルーとキューバのデイヴィッド・モイアからわたしは、イクバルのことを本に書いてくれるように頼《たの》まれました。そして、完成したのがこの本です。

イクバルや児童債務《さいむ》労働、債務労働解放戦線《さいむろうどうかいほうせんせん》については、すでにたくさんのことが書かれていました。しかし残念なことに、それらの情報《じょうほう》のなかには、矛盾《むじゅん》していたり、まちがっていたりするものも数多くありました。謎《なぞ》だらけのイクバル・マシーの人生について、フィクションから事実をより分けるのは大変なことでした。たとえば、イクバルの本当の年齢《ねんれい》ですら、今でも正確《せいかく》にはわからないのです。

この本を書くにあたって、わたしは生前のイクバルを知る人たちや彼《かれ》の家族に会ったことのある人たちから話を聞きました。その中には、ロン・アダムズ、ダグ・カーン、シャロン・コーエン、アーヴィンド・ガネサン、ファラッド・カリーム、マーク・シャピロ、そしてポーラ・ヴァン・ゲルダーといった人々が含《ふく》まれています。また、国際的《こくさいてき》に評価《ひょうか》の高い人権保護団体《じんけんほごだんたい》から得た資料《しりょう》にも目を通しました。国際反奴隷制協会《こくさいはんどれいせいきょうかい》、パキスタン人権《じんけん》委員会、ヒューマン・ライツ・ウォッチ・アジア局、全米児童労働委員会、そしてユニセフが、現代《げんだい》の奴隷制《どれいせい》のありようや、この分野で活動しているたくさんの草の根組織《そしき》の歴史や背景《はいけい》についての資料《しりょう》を提供《ていきょう》してくれました。

そのほかにも、この本の執筆《しっぴつ》を助けてくれた、ジャーナリスト、調査員《ちょうさいん》、人権《じんけん》活動家のみなさんに感謝《かんしゃ》しています。また、わたしの著作《ちょさく》をていねいに読んでくれるジャナンヌ・ガスリー、ファラッド・カリーム、シャリニ・デワン、そしてロン・アダムズにも、心から感謝《かんしゃ》します。執筆《しっぴつ》というのは、つまるところ、孤独《こどく》な作業ですが、この本の執筆《しっぴつ》にはたくさんの友人や同僚《どうりょう》たちが協力してくれました。そのなかには、わたしのエージェントのゲイ・ヤング、イアン・グレイアムをはじめヘンリー・

ホルト社のすばらしいスタッフ、シャロン・コーエン、ポーラ・ヴァン・ゲルダー、そしてリーボック人権財団《じんけんざいだん》のダグ・カーンなどがいます。夫のベイリーは、アイデアや適切《てきせつ》な助言、励《はげ》ましを与《あた》えてくれました。また、とりわけ深く感謝《かんしゃ》しているのは、わたしを常《つね》に支《ささ》え続《つづ》けてくれた編集者《へんしゅうしゃ》のマーク・アロンソンです。わたしたちは、債務《さいむ》労働者の子どもたちの物語を語り、イクバル・マシーの人生をたたえるために力を合わせて仕事をしました。

わたしは、このような本を書く必要などなければよかったのに、と心の底から思っています。あるいはいま、わたしのそばに幸せな人生を送っているイクバルがいて、いろいろな助言を与《あた》えてくれたらすてきなのに、と思います。そしてまた、悲惨《ひさん》な子どもの債務《さいむ》労働などもはやこの地上に存在《そんざい》せず、この本に書かれていることが、今起きていることとしてではなく、過《す》ぎ去った過去《かこ》のこととして読まれるのならいいのに、と思わずにはいられません。

＊この覚え書きは、本書の原書刊行時《かんこう》（一九九八年）に書かれました。

◉訳者《やくしゃ》あとがき

この本は、児童労働の問題を扱《あつか》ったノンフィクション作品です。児童労働とは、文字どおり、子どもが働くことを意味します。豊《ゆた》かな日本では想像《そうぞう》がつかないことですが、世界にはたくさんの働く子どもたちがいます。働く子どもが多く見られるのは、主にアジアやアフリカ、中南米などの発展途上《はってんとじょう》国《こく》や貧《まず》しい地域《ちいき》で、これらの国々や地域《ちいき》では、子どもたちがさまざまな分野の多種多様な仕事に携《たずさ》わっています。農業や漁業、鉱業《こうぎょう》に従事《じゅうじ》する子どももいれば、織物《おりもの》やタバコ、マッチ、サッカーボール、おもちゃなどを作る子どももいます。路上で、靴磨《くつみが》きをしたり、花や新聞・雑誌《ざっし》、食料品を売ったりしている子どもたちもいます。子どもたちが働く一番の理由は、家が貧《まず》しく親に経済力《けいざいりょく》がないからですが、貧困《ひんこん》のほかにもさまざまな要因《よういん》が関《かか》わっています。

児童労働が問題とされるのは、働くことで子どもが教育を受ける権利《けんり》を奪《うば》われたり、子どもだからと不当に低い賃金《ちんぎん》で働かされたり、心身に害を及《およ》ぼすような危険《きけん》な仕事や働き方をさせられたり、虐《ぎゃく》待《たい》などの人権《じんけん》を無視《むし》した扱《あつか》いを受けたりすることがしばしば起こるからです。なかには親の借金を返すために、子どもが、奴隷《どれい》のように自由を奪《うば》われて、強制的《きょうせいてき》に働かされるような場合もあります。この本は、そうした非人間的《ひにんげんてき》な児童労働をなくすために闘《たたか》った、一人の勇気あるパキスタン人の少年イクバル・マシーと、彼《かれ》を助け、共に闘《たたか》った人々を描《えが》いたものです。

イクバル・マシーは、四歳《よんさい》のときに親の借金のかたにじゅうたん工場に売られ、学校にも通わず奴《ど》隷《れい》のように働かされていました。イクバルを債務《さいむ》労働者として売《う》り渡《わた》したときに父親が借りた金額《きんがく》は六百ルピーでした。日本円にすると、千六百円程度《ていど》のお金（一九九八年のレートにもとづく）ですが、それに追加の借金や利息が加わって、返済《へんさい》しなければならない額《がく》は雪だるま式にふくらんでゆきました。それに対して、イクバルは毎日朝から晩《ばん》まで働いても、ほんのわずかな賃金《ちんぎん》しかもらえませんでした。そのままでは、イクバルは一生終わりの見えない奴隷《どれい》生活を送るしかなかったでしょう。けれども、聡明《そうめい》で勇敢《ゆうかん》な子どもだったイクバルは、雇《やと》い主《ぬし》の不当な扱《あつか》いに何度も抗議《こうぎ》の声を上げ、虐待《ぎゃくたい》を受けながらも反抗《はんこう》し続けました。そして十歳《じっさい》のとき、債務《さいむ》労働に苦しむ人々を救うために「債務労働《さいむろうどう》解放戦線《かいほうせんせん》（ＢＬＬＦ）」という組織《そしき》を率《ひき》いて活動していたイーシャーン・ウラー・カーンという人物との運命的な出会いを経《へ》て、自由の身になり、それからカーンとともに、奴隷《どれい》労働に従事《じゅうじ》していた子どもたちを救うために力を尽《つ》くしました。

やがてその活躍《かつやく》は世間の注目するところとなり、イクバルは一九九四年に、人権《じんけん》活動を支援《しえん》するリーボック人権財団《じんけんざいだん》から「行動する若者賞《ユース・イン・アクション》」という名誉《めいよ》ある賞を授与《じゅよ》されました。このことをきっかけとして、世界的にも名前が知られるようになり、さらなる活躍《かつやく》と将来《しょうらい》が期待されていた矢先、不慮《ふりょ》の死を遂《と》げ、十二年の短い生涯《しょうがい》の幕《まく》を閉《と》じました。しかし、その死後も、児童労働をなくすための闘《たたか》いの象徴《しょうちょう》として、イクバルは今も人々の記憶《きおく》の中に生き続けています。

ところで、訳者《やくしゃ》がイクバル少年のことを知り、興味《きょうみ》を持ったのは、イタリア人作家のフランチェスコ・ダダモ氏が書いたStoria di Iqbal（二〇〇一）という児童文学作品を通してです。『イクバルの闘《たたか》い 世界一勇気ある少年』（鈴木出版）というタイトルで日本語訳《やく》も出ていますので、読まれた方もいるかもしれません。ダダモ氏の本は、物語としてはうまく描《えが》かれていて、とても感動的でしたが、事実を忠実《ちゅうじつ》に物語化したのではなく、作者が想像《そうぞう》をふくらませて書いた部分も少なくないということでした。そこで、イクバル少年について、その実像《じつぞう》をもっとくわしく知りたいと思っていたときに出会ったのが、アメリカの作家スーザン・クークリン氏が書いたこの本（原書の出版《しゅっぱん》は一九九八年）でした。

この本の中でクークリン氏は、イクバルの驚《おどろ》くべき人生を語るとともに、児童労働を生み出す背景《はいけい》となっている事情《じじょう》、働く子どもの実態《じったい》、児童労働を撲滅《ぼくめつ》するために行われているさまざまな取り組みなどについて、わかりやすく解説《かいせつ》しています。その際《さい》、クークリン氏は、イクバルの生涯《しょうがい》についても、児童労働をめぐる事がらについても、多くの資料《しりょう》に丹念《たんねん》に当たりながら、公平で客観的な立場から物事を見て、正確《せいかく》に語ろうと努めています（原書の巻末《かんまつ》には、作者が参考にした資料《しりょう》や引用元の文献《ぶんけん》がくわしく記されていますが、この日本語訳《やく》では割愛《かつあい》しました）。例えば、謎《なぞ》の多いイクバルの死をめぐっても、じゅうたん業界の手で殺されたのだというＢＬＬＦのような主張《しゅちょう》だけでなく、それとは異《こと》なる見方をする人々の言葉も載《の》せているのは、そうした態度《たいど》の表れと言えるでしょう。一方的に児童労働をさせている国々を非難《ひなん》したり、ただ単に働く子どもの悲惨《ひさん》な実態《じったい》を伝えたりするのではなく、歴史をひもとき、この問題の根本にあるものを説き明かしながら、解決《かいけつ》のために何が必要なのか、人々によってどのような努力がなされてきたのか、私たちにどんなことができるのかを、具体的な事例を通じて読者に語りかけているのです。

作者は「イクバルはたぐいまれな子どもで、ほんとうのヒーローでした。正々堂々と意見を言えば、人のためになることができるという見本です」（192ページ）と言います。しかし、この本の主人公はイクバルだけではありません。イーシャーン・ウラー・カーンのように人生をなげうって債務《さいむ》労働の撲滅《ぼくめつ》につくしてきた人々や、地道な活動を続けている多くの人権保護《じんけんほご》団体《だんたい》、イクバルの非業《ひごう》の死を知ってパキスタンに学校を作るために奔走《ほんそう》したアメリカの中学生たちの存在《そんざい》も忘《わす》れることはできません。彼《かれ》らは、一人一人の力は小さくても、みんなが声を上げ、力を合わせれば、困難《こんなん》な現実《げんじつ》も変えていけるという見本なのです。

ところで、この本の原書が出版《しゅっぱん》されてから十四年が経《た》っていますが、ブロード・メドウズ中学校の生徒たちが建てたイクバルの学校は、現在《げんざい》どうなっているのでしょうか。ロン・アダムズ先生に問い合わせてみたところ、こんな返事が返ってきました。

「〈イクバルの学校〉の活動はまだ続いています。どんどん、どんどん、大きくなっています」

ブロード・メドウズ中学校が集めた寄付金《きふきん》をもとにスダールと協力して建てられた〈イクバルの学校〉については、ブロード・メドウズ中学校は一九九八年に手を引き、現在《げんざい》はスダールが学校を運営《うんえい》しています。この学校で勉強したのちに大学へ進学し、今度は自分が教える側になりたいと熱く語る卒業生もいます。

ブロード・メドウズ中学校の生徒たちの活動は次の段階《だんかい》へ進み、今度はほかの国々の子どもたちを奴隷《どれい》労働から解放《かいほう》し、教育を受けられるようにしようと、活動を続けています。

一九九九年には、アメリカのほかの六つの学校の生徒たちと共同でOperation：Day's Work-USA（ＯＤＷＵＳＡ）という運動を始めました。毎年一団体《だんたい》に、集めた寄付金《きふきん》を送っています。イクバルのように学校に行けない、現状《げんじょう》のままでは児童労働者になるかもしれない子どもたちを救い、教育を受けられるように活動をしている、世界じゅうのＮＧＯを対象にパートナーを募《つの》り、応募《おうぼ》してきたＮＧＯの活動状況《じょうきょう》をもとに、子どもたちが投票して選んでいます。十三年間の活動を通じて、すでに多くの子どもたちに希望を与《あた》えています。

もし、この本を読んで、亡《な》きイクバルのために、そして児童労働をなくすために、自分も何かをしたいと思ったら、ＯＤＷＵＳＡのウェブサイトをのぞいてみてください。（206ページの連絡先《れんらくさき》を参照《さんしょう》してください）。

ブロード・メドウズ中学校の生徒たちの活動もそうですが、現在《げんざい》、児童労働をなくすために、国際《こくさい》機関や国家、企業《きぎょう》や業界団体《だんたい》、あるいはＮＧＯなどの民間団体《だんたい》などによって、さまざまなレベルでの取り組みや活動が行われています。また、児童労働の原因《げんいん》となっている発展途上国《はってんとじょうこく》の貧困《ひんこん》の問題を解《かい》決《けつ》するための対策《たいさく》もいろいろと講《こう》じられています。悲惨《ひさん》な児童労働がこの世界からなくなる日が来るまでにはまだまだ時間がかかりそうですが、そうしたひとつひとつの努力の積《つ》み重《かさ》ねはかならず実を結んでゆくことでしょう。勇気と知恵《ちえ》と連帯。それこそが、児童労働に限《かぎ》らず、私たちの世界が抱《かか》えている多くの問題を解決《かいけつ》する鍵《かぎ》となるものではないでしょうか。

最後になりますが、本書の日本語版《ばん》を作るにあたってお世話になった方々にお礼を申し上げます。

フリー・ザ・チルドレン・ジャパン（NPO法人）には、掲載《けいさい》写真の提供《ていきょう》等でご協力いただきました。ちなみに、フリー・ザ・チルドレン・ジャパンは、イクバルが殺されたという記事に衝撃《しょうげき》を受けたカナダの十二歳《じゅうにさい》の少年クレイグ・キールバーガーによって設立《せつりつ》された国際《こくさい》NGOの日本支部《しぶ》で、児童労働や貧困《ひんこん》から子どもを解放《かいほう》すること、子どもには世界を変える力はないという考え方から子どもを解放《かいほう》することを目的に設立《せつりつ》され、十八歳《じゅうはっさい》以下の子どもが主体となって活動しています。

そして、本書の出版《しゅっぱん》の機会を与《あた》えてくださった小峰書店、訳稿《やくこう》に丁寧《ていねい》に目を通して多くの有益《ゆうえき》な指《し》摘《てき》と助言をしてくださった編集者《へんしゅうしゃ》の小林伸子さんと渡邊航さんにも深く感謝《かんしゃ》いたします。

長野《ながの》徹《とおる》・赤塚《あかつか》きょう子《こ》

連絡先等一覧《れんらくさきとういちらん》

◆The Kids' Campaign：A School for Iqbal のウェブサイト

http://www.mirrorimage.com/iqbal/index.html

◆Operation：Day's Work–USA（ODWUSA）のウェブサイト

http://www.odwusa.org/

◆スダールのビデオ

http://www.youtube.com/embed/nGgQ75HuGYs

（Youtube に投稿されたのは 2011 年 7 月。制作は 2009 年）

◆特定非営利活動法人フリー・ザ・チルドレン・ジャパン

http://www.ftcj.com/

TEL&FAX　03-6321-8948

参考文献一覧《さんこうぶんけんいちらん》

- 香川孝三著『グローバル化の中のアジアの児童労働　国際競争にさらされる子どもの人権』（明石書店、2010年）
- 下山晃著『世界商品と子供の奴隷　多国籍企業と児童強制労働』（ミネルヴァ書房、2009年）
- OECD編著・豊田英子訳『世界の児童労働　実態と根絶のための取り組み』（明石書店、2005年）
- フランチェスコ・ダダモ著・荒瀬ゆみこ訳『イクバルの闘い　世界一勇気ある少年』（鈴木出版、2004年）
- クレイグ・キールバーガー（＋ケビン・メジャー）著・佐光紀子訳『僕たちは、自由だ！　クレイグ少年の南アジア50日間の冒険記』（本の泉社、2000年）

スーザン・クークリン [Susan Kuklin]

1941年アメリカ・フィラデルフィア生まれ。作家。児童向けの著作は30冊以上にのぼる。『不屈の精神——人権活動家たちとの対話』（クリストファー賞を受賞）の執筆中における活動家との出会いが、イクバル・マシーの人生についての本作品を書くきっかけとなった。プロの写真家としての活躍も目ざましく、その写真は『タイムズ』、『ニューズウィーク』、『ニューヨーク・タイムズ』等の新聞や雑誌に掲載されている。現在は夫とともにニューヨーク市に在住。

長野　徹 [ながの　とおる]

1962年山口県に生まれる。東京大学文学部卒業。同大学院博士課程修了（イタリア文学専攻)。1995年から96年イタリア政府給費留学生としてパドヴァ大学文学部に留学。現在はイタリア文学の研究、紹介に従事している。訳書に『ポリッセーナの冒険』（徳間書店)、『光草（ストラリスコ)』『ラビーニアとおかしな魔法のお話』『おじいちゃんの桜の木』（いずれも小峰書店）などがある。

赤塚　きょう子 [あかつか　きょうこ]

東京生まれ。東京・熊本・高松・大阪で育つ。大学卒業後、宝石専門誌の編集者を経てイタリアへ渡り、フリーライターなどをしながら4年間滞在する。現在は英語圏およびイタリアの児童文学や自然科学系ノンフィクションの翻訳に取り組む。訳書に『リサイクル』（さ・え・ら書房)、『太陽系探検』（大日本絵画)、『異常気象』（緑書房）などがある。

ノンフィクション・Books

イクバルと仲間たち 児童労働にたちむかった人々

2012年9月15日　第1刷発行　　2018年4月30日　第4刷発行

著者　スーザン・クークリン
訳者　長野　徹・赤塚きょう子
装幀　西須幸栄

発行者　小峰紀雄
発行所　株式会社小峰書店
〒162-0066　東京都新宿区市谷台町4-15
電話　03-3357-3521　FAX　03-3357-1027
http://www.komineshoten.co.jp/
印刷——株式会社三秀舎　製本——小高製本工業株式会社

NDC936　ISBN978-4-338-15507-6　207p　20cm